一本富有智慧和挑战的风靡全世界的奇书

Big Book of

聪明人都在玩的

数字思维游戏

[美] 伊凡·莫斯科维奇/著
朱冬梅　黄小军/译

Brain

全世界聪明人
都在做的
1000个烧脑游戏

Games

中华工商联合出版社

图书在版编目（CIP）数据

聪明人都在玩的数字思维游戏 / （美） 伊凡 • 莫斯科维奇著； 朱冬梅， 黄小军译. -- 北京 : 中华工商联合出版社，2022.5

书名原文 : Big Book of Brain Games

ISBN 978-7-5158-2575-5

Ⅰ. ①聪··· Ⅱ. ①伊··· ②朱··· ③黄··· Ⅲ. ①智力游戏－青少年读物 Ⅳ. ①G898.2

中国版本图书馆CIP数据核字（2020）第071049号

First published in the United States under the title:THE BIG BOOK OF BRAIN GAMES:1000 PlayThinks of Art, Mathematics & Science.

Published by arrangement with Workman Publishing Co., Inc., New York.

聪明人都在玩的数字思维游戏

作　　者: [美]伊凡•莫斯科维奇
译　　者: 朱冬梅 黄小军
出 品 人: 李　梁
责任编辑: 吴建新 关山美
封面设计: 北京聚佰艺文化传播有限公司
责任审读: 于建廷
责任印制: 迈致红
出版发行: 中华工商联合出版社有限责任公司
印　　制: 北京毅峰迅捷印刷有限公司
版　　次: 2022年8月第1版
印　　次: 2022年8月第1次印刷
开　　本: 880mm×1230mm 1/32
字　　数: 100千字
印　　张: 7.875
书　　号: ISBN 978-7-5158-2575-5
定　　价: 49.80元

服务热线: 010－58301130-0（前台）
销售热线: 010－58301132（发行部）
010－58302977（网络部）
010－58302837（馆配部）
010－58302813（团购部）
地址邮编: 北京市西城区西环广场 A 座
19—20 层，100044
http://www.chgslcbs.cn
投稿热线: 010－58302907（总编室）
投稿邮箱: 1621239583@qq.com

目录

CONTENTS

6

几何形状和多边形

293

难度：●●○○○○○○○○
要求：👁
完成：☐ 时间：________

与众不同的图形

下面7个图形中，有一个和其他6个不同。是哪一个呢？为什么？

294

难度：●●●●●●●○○○
要求：👁 ✎ ✂
完成：☐ 时间：________

用三角形、正方形组成的多边形

你能用所给的等边三角形和正方形拼出五边形、六边形……直到十边形吗？拼出它们各需要多少个等边三角形和正方形？

295

难度：●●●○○○○○○○
要求：👁
完成：□ 时间：________

哪个不同

哪个图形与其他四个不同？

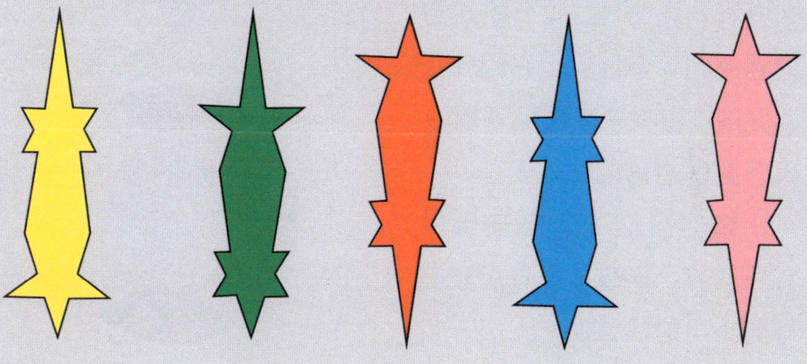

296

难度：●●●●○○○○○○
要求：👁 ✏
完成：□ 时间：________

凹凸

请在红色多边形中打“？”的地方填上一个数字。应该填几？

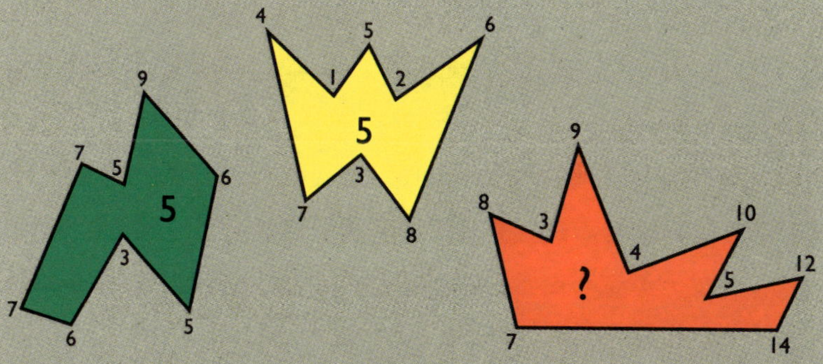

297

难度：●●●●●●●●●●
要求：👁
完成：□ 时间：________

带孔的模具

下图是一种铸造不同横截面材料的方法。4个相同的模具放到4个位置，它们就在中央挤压出材料横截面，图中用圆圈里的蓝色部分表示。

如何用这4个模具压出右边的6个横截面？有没有不可能压出的横截面？

298

难度：●●●●●●●●●●
要求：👁 ✎
完成：□ 时间：________

欧拉公式

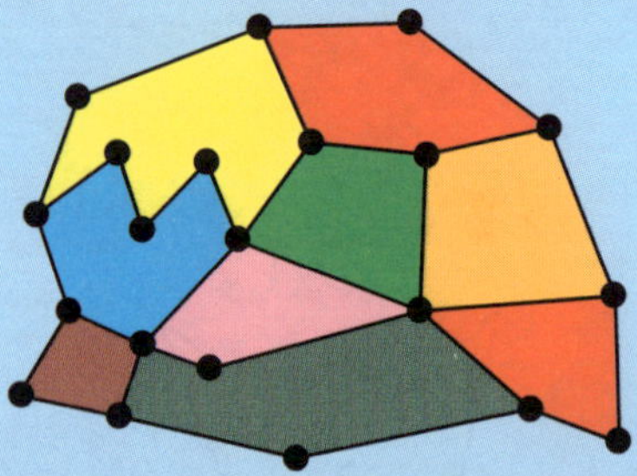

观察图中所画的多边形地图，数一数用黑色标出的点，再用点数减去边数，最后加上图中的区域数。

答案是多少？是否任何多边形都有这个结果。无论它的形状、大小和复杂程度如何？

299

难度：●●●●●●●●●●
要求：👁 ✎
完成：☐ 时间：________

周长 = 面积

一个 5×5 的正方形周长为 20 单位，而面积为 25 单位。一个 4×5 的长方形周长为 18 单位而面积为 20 单位。你能分别找到一个正方形和一个长方形，让它们的周长和面积在数值上相等吗？

300

难度：●●●●●●●●●●
要求：👁 ✎
完成：☐ 时间：________

嵌套的多边形

图中，最外层的圆包含一内接三角形，三角形中有一内切圆，圆内又包含一内接正方形，再是一个内切圆，里面是正五边形，然后是圆、正六边形、圆、正七边形……层层嵌套下去，每次正多边形的边数都加 1。随着圆越来越小，你能猜出最后这个圆会变成什么样的吗？

301

难度：●●●●●●●●●●

要求：👁 ✎

完成：□ 时间：________

重叠的三角形

8 个边长分别为 1、2、3 单位的小等边三角形覆盖了边长为 6 单位的大等边三角形的一部分。那么，大三角形中红色部分的面积和小三角形中蓝色部分的面积哪个大？

302

难度：●●●●●●●●●●

要求：👁 ✎

完成：□ 时间：________

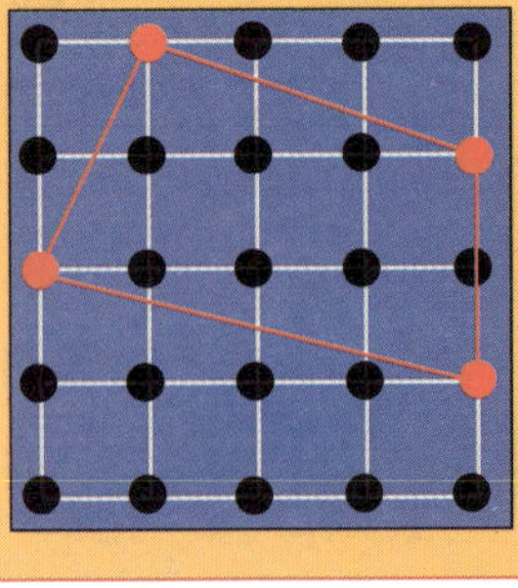

钉上栓子的板

一根橡皮筋围在板的某 4 个红色栓子上。你能求出橡皮筋围成的面积吗？

303

难度：●●●●●●●●●●
要求：👁 ✎
完成：☐ 时间：________

内接六边形与外切六边形

一个六边形有一内切圆，圆中又包含一个内接六边形。里面那个六边形面积为 3 平方单位。那外面的六边形面积为多少？

304

难度：●●●●●●●●●●
要求：👁 ✎
完成：☐ 时间：________

有多少个三角形

这组三角形中，每个都被遮掉一部分。只观察，你能说出共有多少个三角形吗？

305 难度：●●●●●●●○○○
要求：
完成：☐ 时间：________

多边形拼图

多边形拼图是用三角形、正方形、五边形和六边形构造复杂多边形。通过把简单的多边形拼在一起，可以组成多种复杂多边形。

每块拼板都包含四种不同颜色：红色、黄色、绿色和蓝色。两个人玩这个游戏，每人选择代表自己的两种颜色。游戏要求把四块拼板边边相接，使拼板上的图形能同色相连。然后计算所拼得的多边形：一个三角形计 1 分，一个正方形计 2 分，一个五边形计 3 分，一个六边形计 4 分。得分多的获胜。

如果一个人玩这个游戏，就要用拼板拼满所有 24 个空格，要求拼板上的图形同色相连。

306 难度：●●●●●●●●●● 要求：👁 ✎ ✂ 完成：□ 时间：________

旋转的多边形

一个蓝色的三角形、一个红色的正方形、一个绿色的五边形和一个粉红色的六边形内接于同一圆。如果圆在转动，你将看到什么？

如果要检验你的想法，做一个包含这四个多边形的纸轮。然后在它中央戳个洞，套在铅笔尖上转转看。

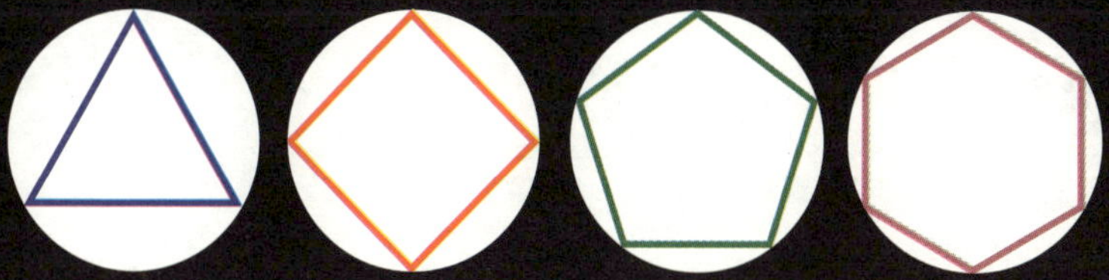

307 难度：●●●●●●●●●● 要求：👁 ✎ 完成：□ 时间：________

隐藏的三角形

如图所示，分别在三条边上把三角形三等分。注意，这些直线中有三个交点构成一个等边三角形。

是不是任何三角形这样三等分后都会构成这样一个等边三角形呢？

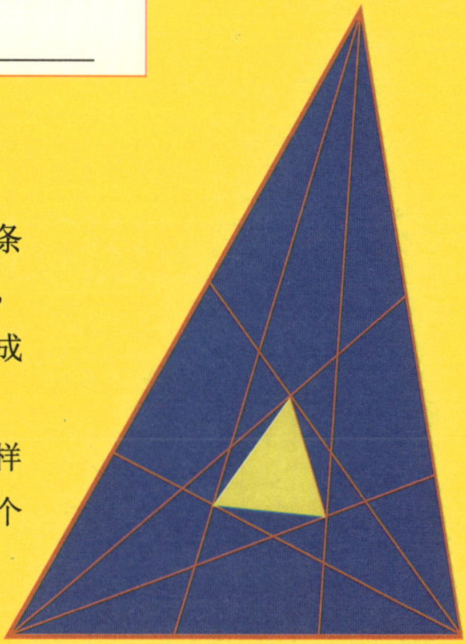

308

难度：●●●●●●●●●●

要求：

完成：□ 时间：________

凸四边形

把五个点随机地放在平面上。是不是总有四个点可以构成一凸四边形？

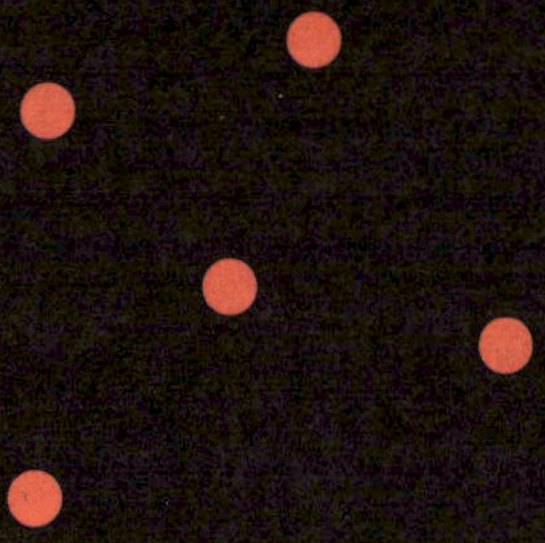

309

难度：●●●●●●●●●●

要求：

完成：□ 时间：________

山羊吃草

图中蓝色的点代表山羊，黑色的边代表篱笆。每只山羊都要在图上一平方单位的面积中吃草。那么，这幅图容得下多少只在吃草的山羊？

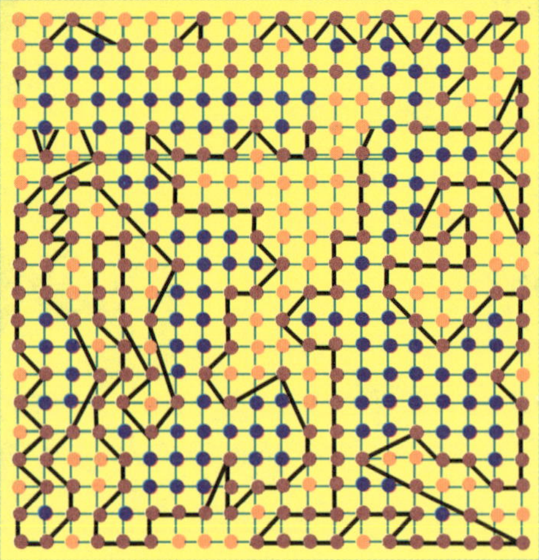

310

难度：●●●●●●●○○○
要求：👁 ✎
完成：□ 时间：________

有多少个多边形

1. 多少个三角形？
2. 多少个三角形？
3. 多少个三角形和正方形？
4. 多少个正方形？
5. 多少个三角形？
6. 多少个三角形和正方形？
7. 多少个正六边形？
8. 多少个正方形？
9. 多少个正方形？

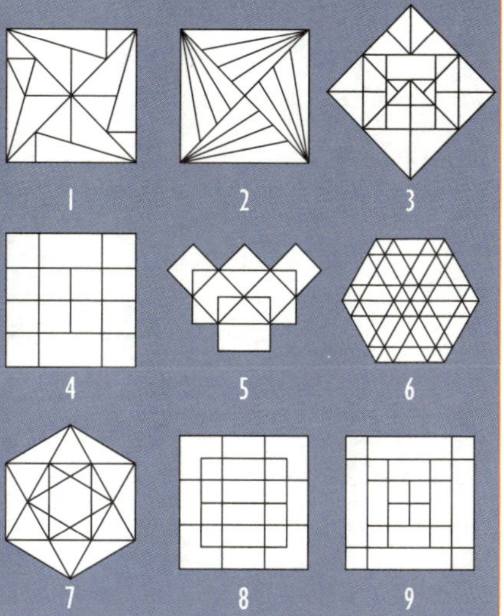

311

难度：●●●●○○○○○○
要求：👁 ✎
完成：□ 时间：________

正多边形的面积

这两个正多边形（一个正六边形和一个正三角形）周长相等。那它们的面积之比是多少？

312

难度：●●●●●●●●●●
要求：👁 ✎
完成：□ 时间：________

四边形中的三角形

一条直线把四边形分割成两个三角形。你能找到一个四边形，使一条直线能把它分割成三个三角形吗？

313

难度：●●●●●●●●●●
要求：👁
完成：□ 时间：________

多少个三角形

在这个图中，你能找到多少个三角形？

314

难度：●●●●●●●●●●
要求：👁 ✎
完成：□ 时间：________

两块面板

两块相同的面板以铰链相连，放在房间的一角。那它们张开多少角度，才能使其和墙壁围出的面积最大？

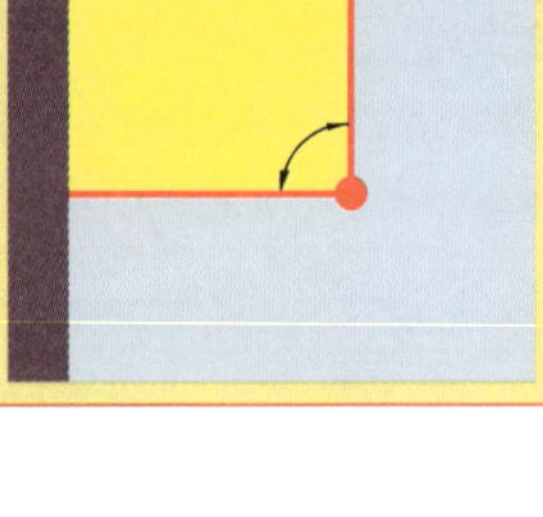

315

难度：●●●●●●●●●●
要求：👁 ✎
完成：☐ 时间：________

围笼子

19块相同的板围成了6个笼子，其中安置了6种不同的动物。一次灾祸毁掉了其中7块板。用这12块板，你还能造出6个笼子吗？每种动物都得有4块板围住它，并且不能有两种动物共用一个笼子的情况。

316

难度：●●●●●●●●●●
要求：👁 ✎
完成：☐ 时间：________

4个正方形

在右图被擦掉之前，上面有4个正方形。现在，图上只留下正方形各边上的中点。你能重新画出这4个正方形吗？

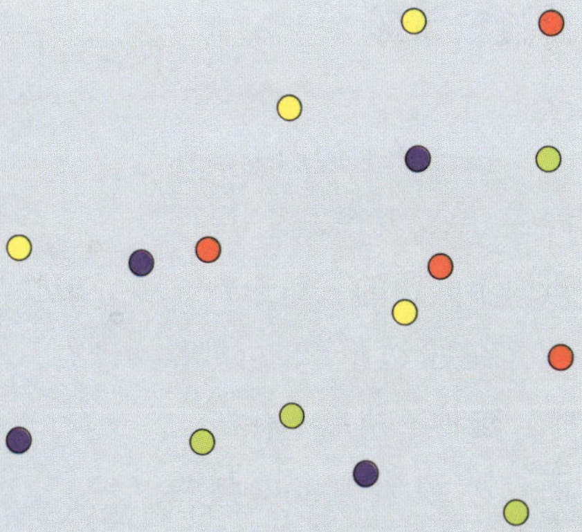

317

难度：●●●●●●●●●●
要求：👁
完成：☐ 时间：________

六边形上的图案

拼成大六边形的彩色拼板和拼成某个小六边形的完全相同。你能指出这个小六边形吗？

318

难度：●●●●●●●●●●
要求：👁 ✎
完成：☐ 时间：________

内接三角形 1

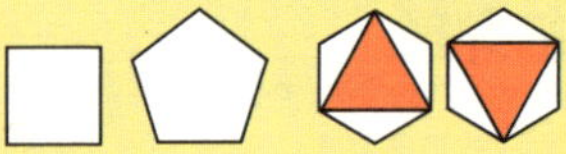

在一个七边形中，你能画出多少个与之共顶点但不共边的三角形？

在四边形和五边形中，这种三角形不存在；而在六边形中可以画两个这样的三角形。如图所示。

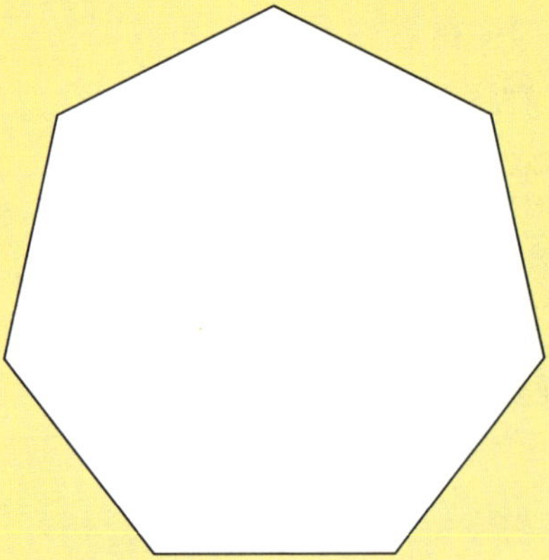

319

难度：●●●●●●○○○○
要求：👁 ✏
完成：☐ 时间：________

内接三角形（二）

在一个八边形中，你能画出多少个与之共顶点但不共边的三角形？

320

难度：●●●●●○○○○○
要求：👁 ✏
完成：☐ 时间：________

等周长的图形

右图中的圆、正方形、三角形和五边形的周长相等，请把它们以面积大小排序，从大到小。你可以通过推理、计算或者在其上画小方格来作比较。

321

难度：●●●●●●●●●●
要求：👁 ✎
完成：☐ 时间：________

等面积的图形

右图中的圆、正方形、三角形和五边形的面积相等，请把它们以周长排序，从长到短。

322

难度：●●●●●●●●●●
要求：👁
完成：☐ 时间：________

平行四边形

切几刀才能把这个平行四边形切割成长方形？

323

难度：●●●●●●●●●●
要求：👁
完成：☐ 时间：________

隐藏的图形

图形往往可以被隐藏在图案中，这就是伪装的手段之一。而从图案中辨认出其形状，是一件只有人能做到而计算机做不到的事。

下面有 6 个图案和 12 种形状。每个图案中都包含不止一种形状。而这些图案中包含的形状和周围所列的形状的大小、方向都一致。你能从中找出它们来吗？

324 难度：●●●●●●●●●● 要求：👁 ✎ 完成：□ 时间：________

找多边形

乍一看，下图所示的图案不过是一些杂乱无章的直线。但仔细看时，你会发现其对称性和规律性：有正方形、三角形、菱形和对折线等。其实，这图案还有更有意思的特点：它是由四个正方形中所能包含的最大的等边三角形构成的。这些三角形都与此正方形在一个顶点重合。

请找出下面所要求找的图形。为了让你便于寻找，我画出了一幅图，其中包括你所要找的图形。

1. 找到组成此图案的 4 个等边三角形。
2. 找出 4 个正方形。
3. 找 4 个中等大小的等边三角形。
4. 找 8 个小的等边三角形。
5. 找出 4 个这样的图形：它们是正六边形的一半。
6. 找出两个大的相同但不规则的六边形。
7. 找出两个中等大小的相同但不规则的六边形。
8. 找出两个小的相同但不规则的六边形。
9. 找一个不规则的八边形。
10. 找出 4 个大的等腰直角三角形。
11. 找出 4 个中等大小的等腰直角三角形。
12. 找出 8 个大的不等腰的直角三角形。
13. 找出 8 个中等大小的不等腰的直角三角形。

14. 找出 8 个小的不等腰的直角三角形。

15. 找出两个面积相等的菱形。

16. 找出 4 个大的平行四边形。

17. 找出 4 个中等大小的平行四边形。

325

难度：●●●●●●○○○○
要求：👁
完成：□ 时间：________

有多少个立方体

你能在这幅透视图中找到6个立方体吗？

326

难度：●●●●●●○○○○
要求：👁 ✎ 📄 ✂
完成：□ 时间：________

3个正方形拼长方形

如图，3个正方形被分割成5个部分。你能用它们拼出一个更大的长方形吗？

327

难度：●●●●●○○○○○
要求：
完成：□ 时间：________

三角剖分

把正七、正九、正十一边形分割成三角形，各需要多少条对角线？

328

难度：●●●●●●●○○○
要求：
完成：□ 时间：________

内嵌的正方形

你能在这个7×7的由正方形方格组成的方阵中内接一个边长为整数的小正方形吗？小正方形的顶点必须在方格线的交点上。

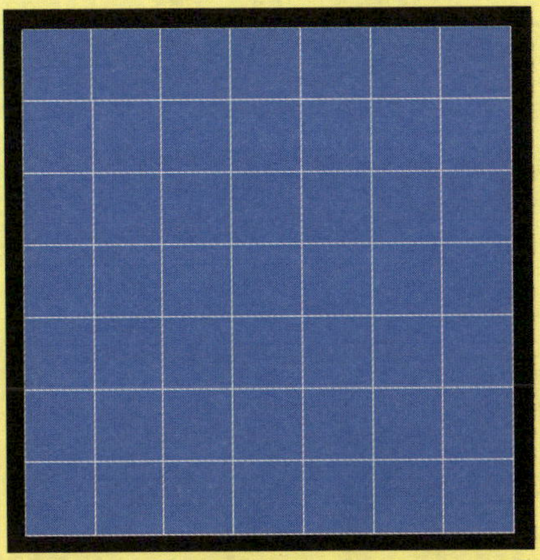

329 难度：●●●●●●●●●● 要求：👁 ✎ 完成：☐ 时间：________

构成三角形的条件

4组长度不同的窄条画在下图中。它们的长度分别是：3、4和6；3、5和7；4、5和9以及3、5和9。它们中是否有几组不能构成三角形？

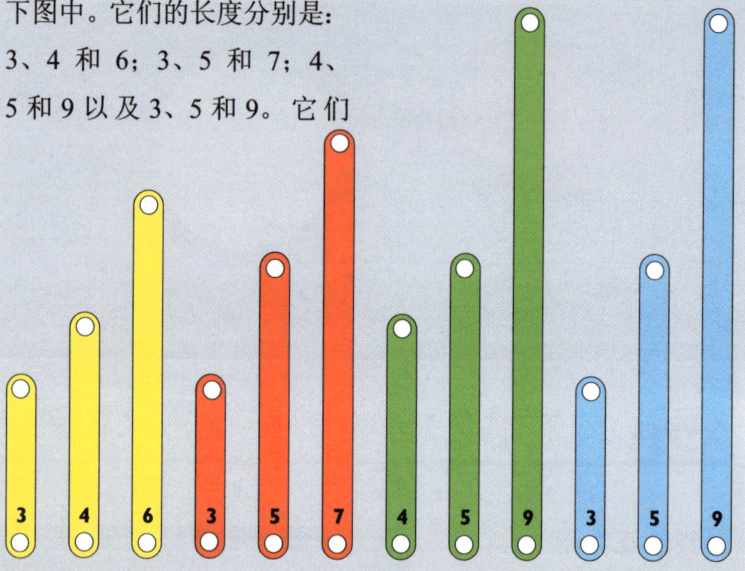

330 难度：●●●●●●●●●● 要求：👁 ✎ 完成：☐ 时间：________

画廊

一个画廊有14堵长度相等的墙，墙上装有可转动监视器。画廊老板想重排这些墙，保持其长度和数量不变，但要求每堵墙恰有一个监视器监视。那要怎么排呢？

331

难度：●●●●●●●●●○
要求：
完成：□ 时间：________

固定正方形

把 4 根相同的窄条连在一起组成一个正方形，连接处可以活动，如图所示。那么，要加上多少条相同的窄条才能把这个正方形固定住？窄条必须加在同一平面上，并且只能连在铰合处。

332

难度：●●●●●●●○○○
要求：
完成：□ 时间：________

三角形的三角剖分

从这个三角形 3 个顶点各引一条直线与其对边的三等分点相交。这种直线叫做西瓦线。这 3 条线把三角形分成 7 个区域，每个区域的面积都是总面积的 1/21 的整数倍。

你能计算出各区域的面积吗？

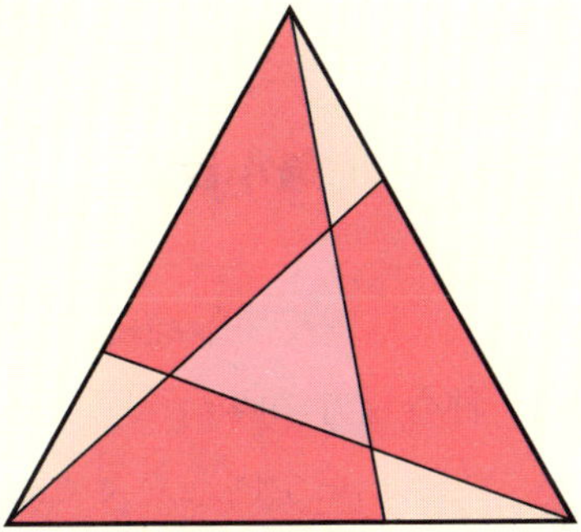

333

难度：●●●●●○○○○○
要求：
完成：□ 时间：________

连三角形

不考虑旋转后的重复情况，连接 9 个 3×3 排列的点中某三个构成三角形，共能得到 11 种不同的三角形。你能找出第 11 种情况吗？

334

难度：●●●●●○○○○○
要求：
完成：□ 时间：________

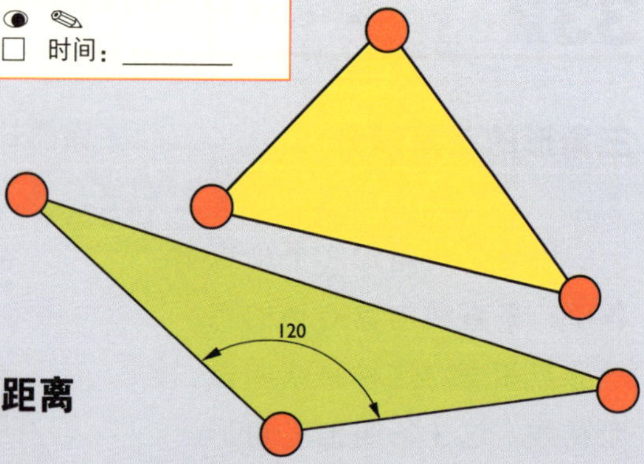

三角形中的最小距离

3 个村庄想用最经济的方法建起连接它们的公路。你能找到一种普通方法吗？

为了把这个问题弄得更清楚，请观察图中的两个三角形。如何在三角形中找到一个点，它到三个顶点的距离之和最小？

335 难度：●●●●●○○○○○ 要求：👁 ✎ 完成：☐ 时间：________

拿破仑定理

这条定理是由业余数学家拿破仑发现的。

先画一个三角形，比如图中蓝色的那个。然后以它的三边为边长分别向外作 3 个等边三角形。再连接这 3 个等边三角形的中心。它们恰好组成一个等边三角形。

是不是对任意三角形都有这种情况发生？

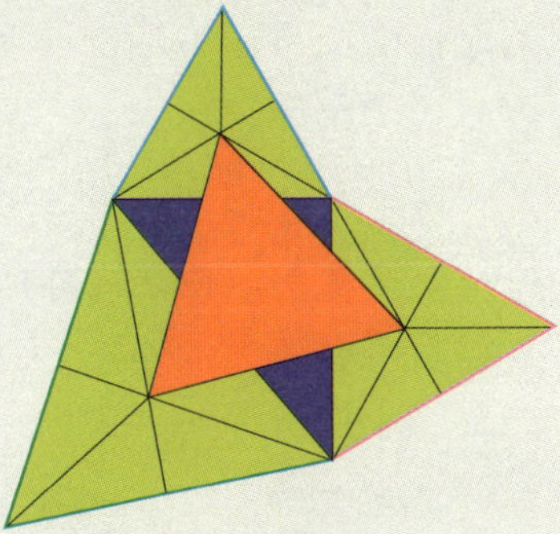

336 难度：●●●●●●●○○○ 要求：👁 ✎ 完成：☐ 时间：________

三角形的中线

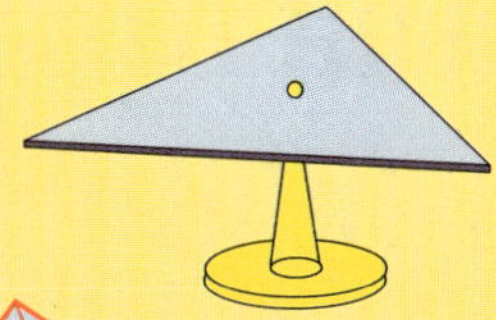

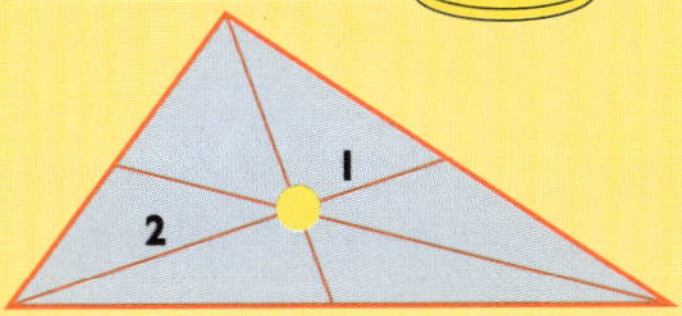

连接三角形顶点与其对边中点的线段叫做三角形的中线。三角形三条中线的交点叫做“重心”，并把每条中线分成长度比为 2 : 1 的线段。

重心是三角形的受力中心，在这点支起三角形，它可以平衡。

一条从三角形一个顶点通过某条中线的中点的直线，能把此顶点的对边分成定比的两条线段。你能算出这个比例吗？

337

难度：●●●●●●●●●●
要求：👁 ✏
完成：□ 时间：________

展览馆的监视器

一个形状奇特的现代艺术展览馆墙角有六个可转动摄像头（用红点表示），用来监视每一寸地面。你能去掉几个摄像头，使之同样能监视到所有地面的情况？应该把它们放在什么地方？

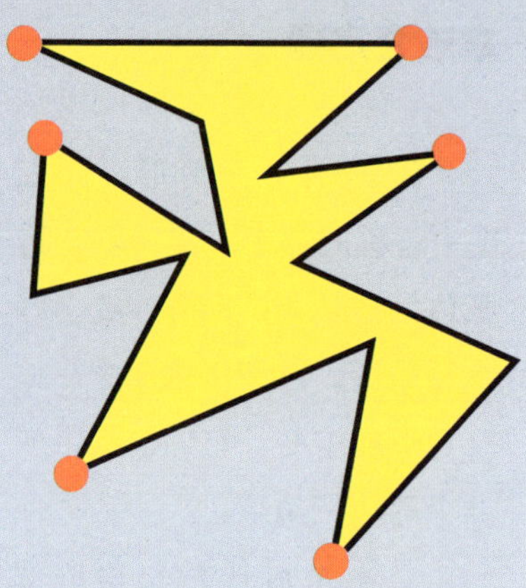

338

难度：●●●●●●●●●●
要求：👁 ✏
完成：□ 时间：________

银行监视器

5个可转动摄像头（用红点表示）装在一银行的墙角。它们能监视银行内部的所有地方。你能否只用3个摄像头就做到？

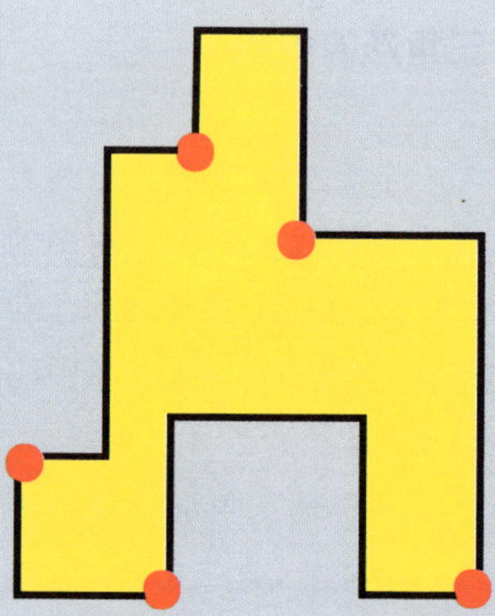

339

难度：●●●●●●●●●●●
要求：👁 ✎
完成：□ 时间：________

1844年的智力题

如图摆放着5个正方形。你能证明绿色三角形和绿色正方形面积相等吗？

340

难度：●●●●●●●●●●●
要求：👁
完成：□ 时间：________

隐藏的图案

你能看出这幅图中藏有什么图案吗？它是由左边的彩色图形组成的。

341 难度：●●●●●○○○○○
要求：👁 ✎
完成：□ 时间：________

彩色玻璃

这面玻璃窗包含四种星形：一个三角星、一个四角星、一个五角星和一个六角星。你能找出它们吗？

342

难度：●●●●●●●○○○
要求：
完成：□ 时间：________

分蛋糕

在一个生日宴会上，分了3个蛋糕。参与者被分成两组，一组拿到红色的部分，另一组拿到黄色的部分。

第一个蛋糕被切了穿过中心的3刀，每次切得60度的角。

第二个蛋糕也被切了3刀，但3刀都穿过非中心的一个点，每次切得60度的角。

第三个蛋糕被切了4刀，每刀都穿过和第二只同样位置的非中心点，每次切得45度的角。

每组得到的蛋糕大小是不是相同？

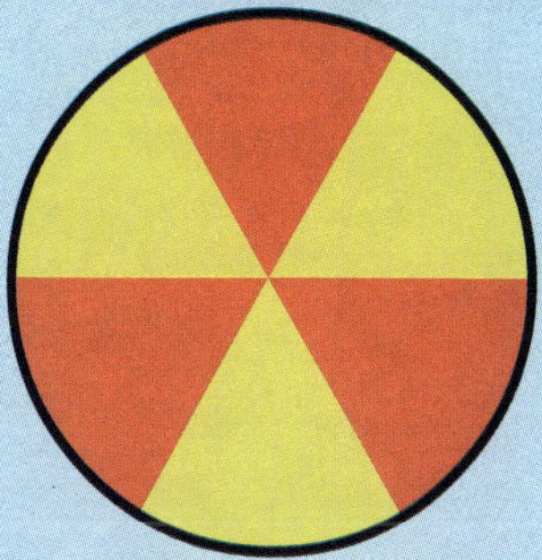

蛋糕 1

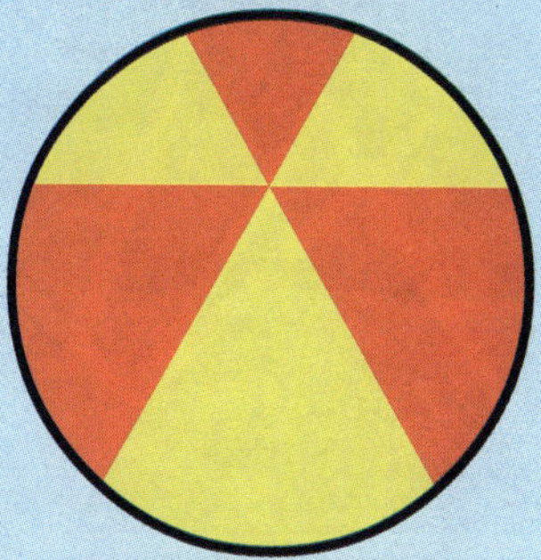

蛋糕 2

蛋糕 3

343

难度：●●●●●●●●●●

要求：

完成：□ 时间：________

捡起多边形

10 个多边形被堆成一堆。每个多边形只有在没有其他多边形压在它上面时才能被拿起来。你能说出依次捡起这 10 个多边形的顺序吗？

344 难度：●●●●●●●○○○
要求：👁 ✎
完成：□ 时间：________

找四边形游戏

找出四边形。每个玩家选一种颜色，依次填涂图中的三角形格子。每一个新涂色的格子必须与已经涂上颜色的格子相邻。当一个玩家涂完一个三角形后得到一个四边形，就按照其所包含的三角形数目给他计分，而不管四边形中的三角形颜色是否相同。同时，还要遵循下列规则：

四边形中，必须有半数以上的三角形是这个玩家所选的颜色。

四边形的边不能是两个同色三角形的相邻边。

四边形中不能没有涂色的部分。

四边形必须是对称的。

每个三角形只能作为一个四边形的组成部分。

当所有的格子都被涂满后，游戏结束。右图给出了这些规则的示例。

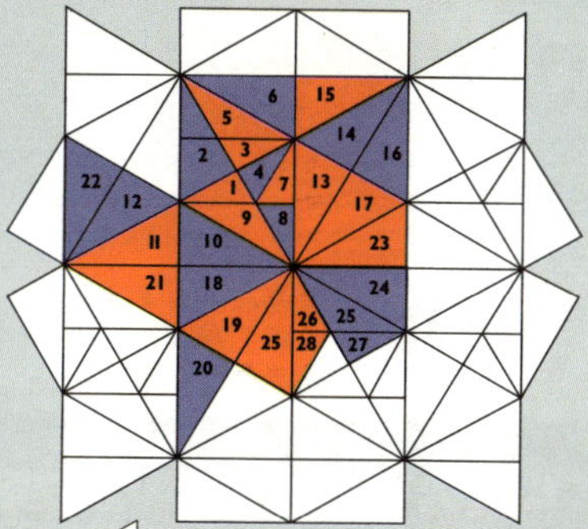

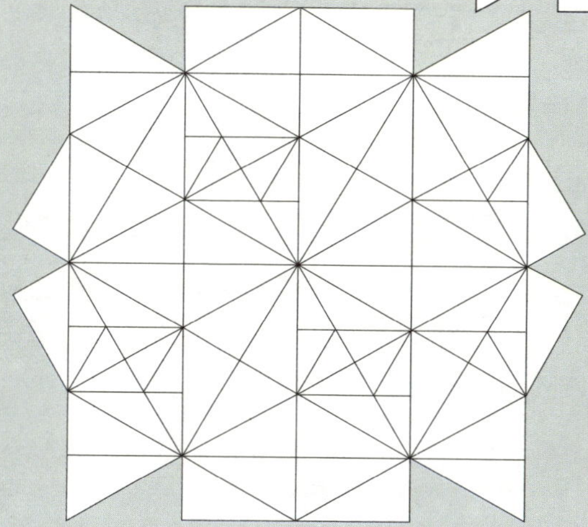

345

难度：●●●○○○○○○○
要求：👁 ✎
完成：□ 时间：________

四边形上的正方形

图中，在红色四边形的每条边上都向外作了一个正方形。画上连接其对边上的正方形中心的线段，可以发现，它们不仅互相垂直，而且长度相等。

是不是无论什么形状的四边形都有这个结果？

346

难度：●●●●○○○○○○
要求：👁 ✎
完成：□ 时间：________

构成四边形的条件

图中画出了四组窄条。哪一组不能构成四边形？

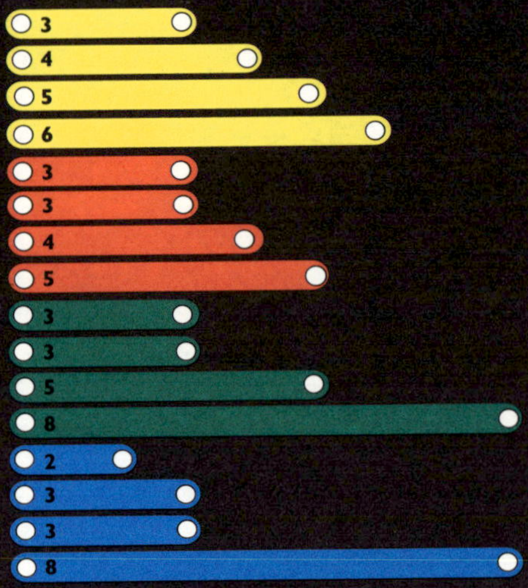

347

难度：●●●●●●●●●○
要求：
完成：□ 时间：________

看不见的正方形

一个正方形被擦去，只在每条边上留下了一个点。你能重新画出这个正方形吗？

348

难度：●●●●●●○○○○
要求：
完成：□ 时间：________

填图形

你能把右边6个图形不重叠地填入框吗？

349

难度：●●●●●●●○○○
要求：👁 ✏
完成：□ 时间：________

五边形中的正方形

正五边形中能包含的最大正方形是不是图中画的那个？

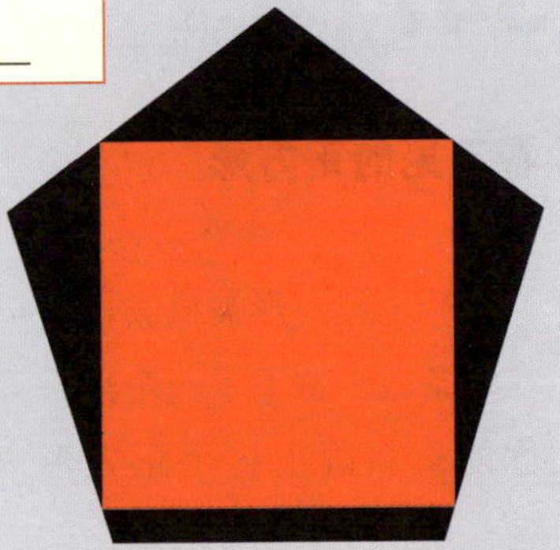

350

难度：●●●●●●●○○○
要求：👁 ✏
完成：□ 时间：________

交错的插针板

在许多种游戏和教学活动中都有插针板，几乎每一块这样的板上都有小孔的方形阵列。在这幅图中，这些小孔或钉梢用点表示。

也有排成其他阵列（比如三角形阵列）的插针板，但它们有相同的应用原理。

以图中的点为顶点，你能找出多少个正方形？

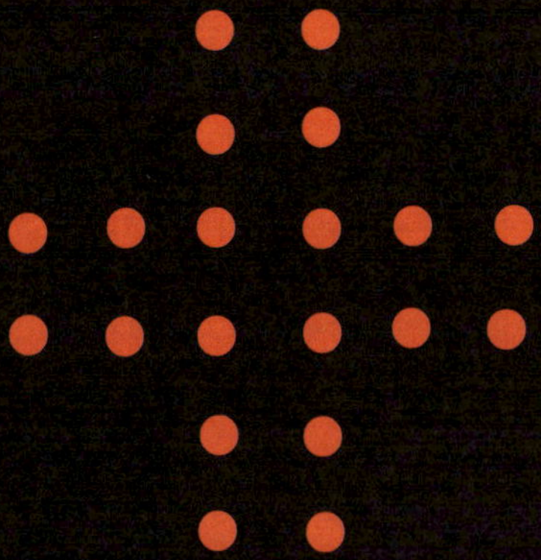

351 难度：●●●●●●○○○○○ 要求：👁 ✎ 完成：☐ 时间：________

针板上的多边形

如果每 4 个点构成的小方格面积为 1 平方单位，那么，从 1 号到 16 号这些多边形的面积各是多少？

1	2	3	4	5	6	7	8	9	10	11	12	13	14	15	16

352 难度：●●●●●○○○○○ 要求：👁 ✎ 完成：☐ 时间：________

棋盘上的正方形

在国际象棋的棋盘上，你能找出多少种大小不同的正方形？你可以从64个棋盘格开始计算。然而，还有由小格子组成的大正方形。你能把它们全找出来吗？

353 难度：●●●●●●○○○○ 要求：👁 ✎ 完成：☐ 时间：________

正方形的围绕

图中，5个正方形角角相连，对称地绕在一个圆周围。每个正方形都有一角与圆相接。

如果圆的半径和正方形边长相等，那么需要多少正方形才能同样绕圆一圈呢？

354

难度：●●●●●○○○○○
要求：👁 ✎ 📄 ✂
完成：□ 时间：________

剖分正方形

把同色的纸片拼成 9 个相同的正方形。

所有分割都在原正方形的边的二等分点或三等分点上。

355

难度：●●●●●●○○○○
要求：👁 ✎
完成：☐ 时间：________

找三角形的外心和内心

你知道如何找到三角形的内切圆（与三角形三边相切）和外接圆（与三角形三顶点相接）的圆心吗？

356

难度：●●●●●●●●●○
要求：👁
完成：☐ 时间：________

切割正方形

只通过对右图的观察，你能说出红色正方形的面积吗？

7 形式

357

难度：●●●○○○○○○○
要求：👁 ✎
完成：□ 时间：________

阶乘

用 O、N、W 各一次，你共能组成多少个单词？

358

难度：●●●●●●○○○○
要求：👁 ✎
完成：□ 时间：________

魔方 1

如图所示，一个 3×3×3 的立方体可以被分成 27 个小立方体。你能给这些小立方体涂上颜色（红色、绿色或黄色），每一行或每一列都包含这 3 种不同颜色吗？每种颜色正好都被用了 9 次。

359

难度：●●●●●●●●●●
要求：👁 ✎
完成：□ 时间：________

彩色王冠

有多少种方法把7块不同颜色的宝石镶到王冠上？如果两种排列旋转后相同，则只能计为一种。

360

难度：●●●●●●●●●●
要求：👁 ✎
完成：□ 时间：________

男孩和女孩

一群小学生郊游，四个一排坐下。规定女生身边必须至少坐一个女生，那么有几种可能的坐法？

361

难度：●●●●●●●●●●
要求：👁 ✎ 📄 ✂
完成：□ 时间：________

侧影

这 6 块拼图可以在黑色背景上拼出一个我们熟悉的形象的侧影。你知道是什么吗？

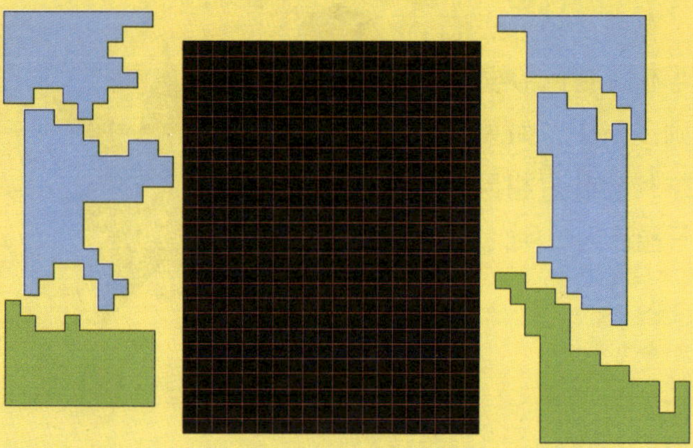

362

难度：●●●●●●●●●●
要求：👁 ✎
完成：□ 时间：________

星形幻方

你能否把 1 到 10 填入空格，使每一条直线上的数之和都为 30？

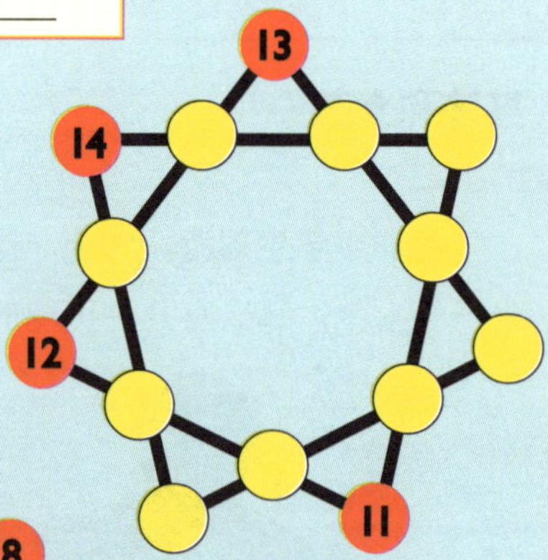

363

难度：●●●●●●●●●●
要求：👁 ✎
完成：☐ 时间：________

图形矩阵

找出这个矩阵的规律，并在空格中填上正确的图案。

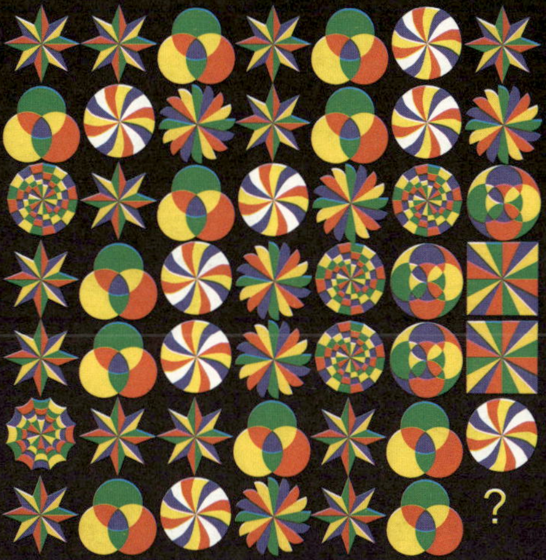

364

难度：●●●●●●●●●●
要求：👁 ✎
完成：☐ 时间：________

颜色配对

图中画出了16对圆圈，只用红、黄、蓝、绿四种颜色涂这些圆圈，你能使每一对圆圈都与其他对不同吗？

365 难度：●●●●●●●●●● 要求：👁 ✎ 完成：□ 时间：________

排列

把这 3 种水果排序。你最多能排成多少种顺序？

366 难度：●●●●●●●●●● 要求：👁 ✎ 完成：□ 时间：________

坐位问题

8 个人围着一个八边形坐下，共有几种坐法？

367 | 难度：●●●●●●●●●● 要求：👁 ✎ 完成：□ 时间：________

五角幻方

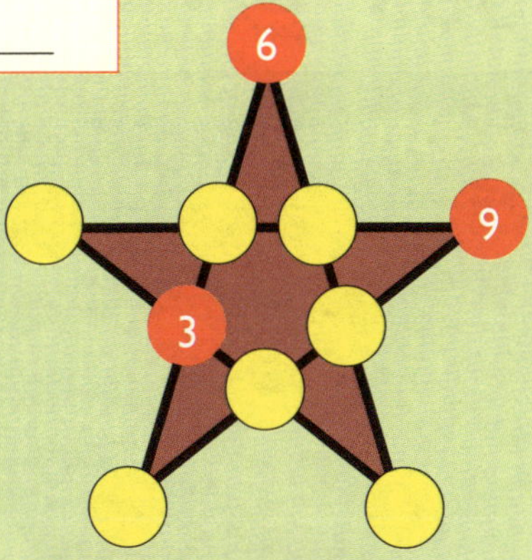

你能把 1 到 12 这些数字填入圆圈（7、11 除外），使得每条直线上的数之和都为 24 吗？数字 3、6 和 9 已经填好。

368 | 难度：●●●●●●●●●● 要求：👁 ✎ 📄 ✂ 完成：□ 时间：________

四色彩带

这些纸带列出了 4 种颜色的所有排列，但缺了一条。你能说出这条纸带上的颜色排列吗？

369

难度：●●●●●●●●●●
要求：👁 ✏
完成：□ 时间：________

彩色项链

请你把黄色、红色和绿色的珠子串成一根项链，使得下面的每一对颜色都只在项链中出现一次。

370 | 难度：●●●●●●○○○○ 要求：👁 ✎ 完成：☐ 时间：________

彩带游戏

红、黄、蓝、绿这四种颜色所构成的所有 24 根彩带都被放在这个 10×10 的方阵中。4 个空的格子用黑色标出。

要把全部四色彩带填入，你得花多少时间？

这个游戏也可以两个人玩，参与者轮流把彩带按标出的颜色放入格子中。谁放进最后一根彩带，谁就获胜。

371 幻方 1

难度：●●●●●○○○○○
要求：👁 ✎
完成：☐ 时间：________

请把 1 到 9 这九个数填入空格，使得每行、每列和每条对角线中，外侧的两个数的和减去各自中间的那个数后得到的值相等。

372 幻方 2

难度：●●●●●●○○○○
要求：👁 ✎
完成：☐ 时间：________

请把 1、2、3、4、6、9、12、18 和 36 填入空格，使每行、每列和每条对角线上数字的乘积相等。

373 幻方 3

难度：●●●●●●○○○○
要求：
完成：□ 时间：________

请把 1、2、3、4、6、9、12、18 和 36 填入空格，使得每行、每列和每条对角线外侧的两个数的乘积除以各自中间的那个数后，得到的值相等。

1	2	3
4	6	9
12	18	36

374 幻方 4

难度：●●●●●●●○○○
要求：
完成：□ 时间：________

请把 1 到 8 和 -1 到 -8 这几个数字填入空格，使得每行、每列和每条主对角线上的数字之和都为零。

1	2	3	4
5	6	7	8
-1	-2	-3	-4
-5	-6	-7	-8

375

难度：●●●●●●●●●●
要求：👁 ✎
完成：□ 时间：________

幻方 5

把 1 到 12 这 12 个数填入空格，使任意两个连续的数都不出现在行、列或对角线上相邻的位置上。

376

难度：●●●●●●●●●●
要求：👁 ✎
完成：□ 时间：________

幻方 6

这个五阶幻方中，有几个格子用不同的颜色标出。你能把 1 到 25 这些数字填入，使每行、每列和每条对角线上的数字之和相等，而且让这些标了颜色的格子里的数都是奇数吗？

377

难度：●●●●●●●●●●
要求：👁 ✎
完成：☐ 时间：________

丢勒幻方

德国画家阿尔布莱希特·丢勒在他1514年所作的版画《忧郁》中加入了这个幻方。它比一般意义下的幻方有更多的奇妙之处。

你能否在空格中填上数字，使每行、每列和每条主对角线上的数之和为34？

你能否找出这个幻方的其他奇妙之处？

378

难度：●●●●●●●●●●
要求：👁 ✎
完成：☐ 时间：________

洛书游戏

根据中国传说，洛书游戏至少可以追溯到公元前五世纪。这是最古老、最简单的幻方。

洛书要求把1到9这些数字填入空格中，使每行、每列和每条对角线的和相等。排除各种对称的和旋转后重复的结果，答案只有一个。

不填数字，你能说出每边数字的和吗？

379

难度：●●●●●○○○○○
要求：👁 ✎ 📄 ✂
完成：□ 时间：________

15子棋游戏

这个游戏的灵感来自于古老的幻方游戏。游戏者轮流把他们各自标上数字的棋子放到游戏棋盘的格子里。当把所有的棋子都摆好后，游戏者轮流把棋子移动到邻近的空格中去。棋子也可以按跳棋的规则跳跃，但只能跳过对手的棋子，而且棋子上的数字必须大于被跳过的棋子。

每人都要使棋盘上有连续三个棋子之和为15，且其中至少有两个是他的颜色。一旦产生了这么一列，这几个棋子就得固定下来，不能再动了。最后谁得到的列数多，谁就获胜。

380

难度：●●●●●○○○○○
要求：👁 ✎
完成：☐ 时间：________

带轴的幻方

每个数字板上都装有一根轴，每块板都可以沿这根轴翻转，遮住一些数字而露出另一些。每块板的反面都印着和正面一样的数字，而每块板的下面还压着一个是其两倍大小的数字。

请翻转三块板，使每行、每列和每条主对角线上的数字之和都等于34。

381

难度：●●●● ●●●●
要求：👁 ✎
完成：☐ 时间：________

彩色幻方

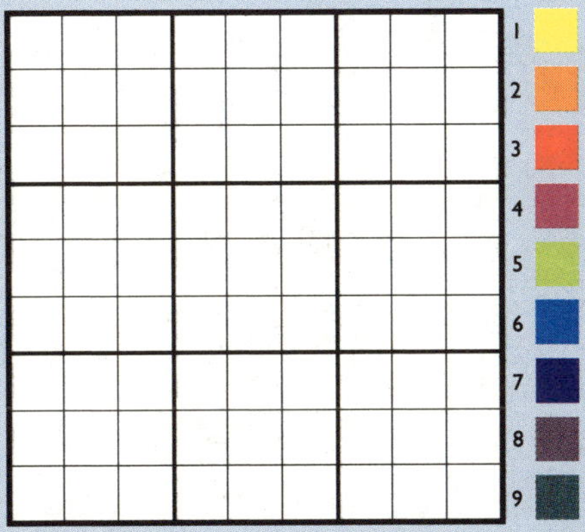

给这个9×9的正方形着色，使任意一种颜色在每行、每列和每个3×3的小正方形中都只出现一次。这些颜色被标上了数字，你可以用这些数字来解决这个问题。

382

难度：●●●●●●●●●●
要求：👁 ✎
完成：□ 时间：________

猴子和驴

公园里住着 5 只猴子和 3 头驴。如果你要从中选一只猴子和一头驴，共有几种选法？

383

难度：●●●●●●●●●●
要求：👁 ✎
完成：□ 时间：________

三阶彩色幻方

把上图这些色块填入空格，使每种颜色在每行和每列中都只出现一次。

你能把这个要求扩展到主对角线吗？对于任意一条斜线又该如何？

384

难度：●●●●●○○○○○
要求：👁 ✎
完成：☐ 时间：________

四阶彩色幻方

把上图这些色块填入空格，使每种颜色在每行和每列中都只出现一次。

你能把这个要求扩展到主对角线吗？对于所有斜线又该如何？

385

难度：●●●●●●●○○○
要求：👁 ✎
完成：☐ 时间：________

五阶彩色幻方

你能把这36个色块填入空格，使每种颜色在每行和每列中都只出现一次吗？你能把这个要求扩展到两条主对角线吗？

可以两个人玩这个游戏。玩家轮流把色块填入空格，使每行和每列都不含有同色色块，最后填入符合要求的色块的人获胜。

386

难度：●●●●●●●○○○○
要求：👁 ✎
完成：☐ 时间：________

数学幻方

请把 1 到 8 这八个数填入圆圈，使任意两个被黑线连接的圆圈中填的不是连续的两个数。

给出的例子是错误的。

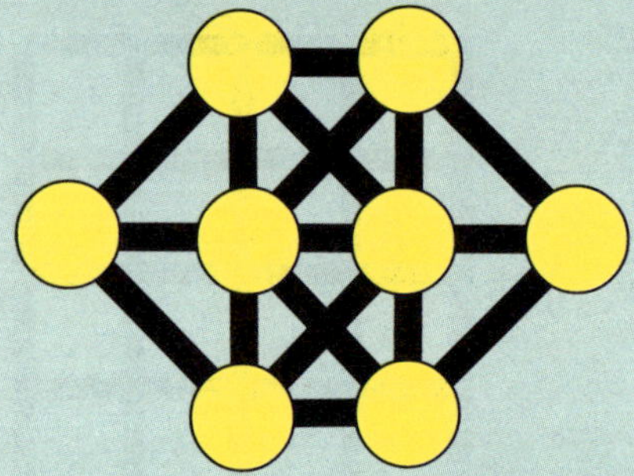

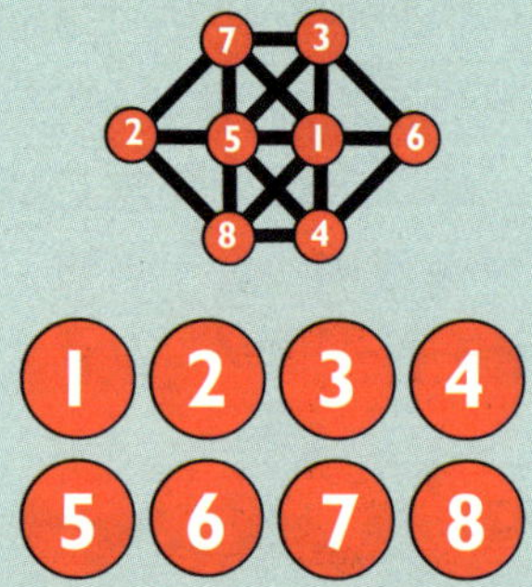

387

难度：●●●●●●●○○○○
要求：👁 ✎
完成：☐ 时间：________

六阶彩色幻方

你能把这 36 个色块填入空格，使每种颜色在每行和每列中都只出现一次吗？这个要求能扩展到两条主对角线吗？对所有的斜线呢？

388 特殊幻方

难度：●●●●●●●●○○
要求：👁 ✎ 🗐 ✂
完成：☐ 时间：________

下面的色块可以按照规则放入方阵中：

在水平线、垂直线和对角线上的相邻位置都不能出现相同颜色；

一旦把色块放入后，它就遮住原来方格中的颜色；

色块不能放在另一色块之上。

你能填满这16个空格吗？

也可以两个人玩这个游戏。玩家依次按规则填入色块，最后填入色块的获胜。

389 色带游戏

难度：●●●●●●●●○○
要求：👁 ✎ 🗐 ✂
完成：☐ 时间：________

你能把这9条色带放到左边的正方形中，使其每行和每列都包括5种不同颜色吗？

390

难度：●●●●●○○○○○
要求：👁 ✎
完成：☐ 时间：________

四色方块游戏

游戏的目标很简单，但很值得一玩。游戏要求拼出包含 4 种颜色的行或列。每个参与者用两种颜色，或红黄，或蓝绿。

每人每次用他的颜色涂满两个小方块，每种颜色各涂一个方块。两种相同的颜色不能共用一条边，一行或一列中不能有连续 5 个方块被涂上颜色。

涂色后形成一条四色色带，就得一分。在下图的例子中，如果把蓝色涂到箭头所指的位置，就能得 4 分，因为形成了 4 条四色色带，两条在行，两条在列。

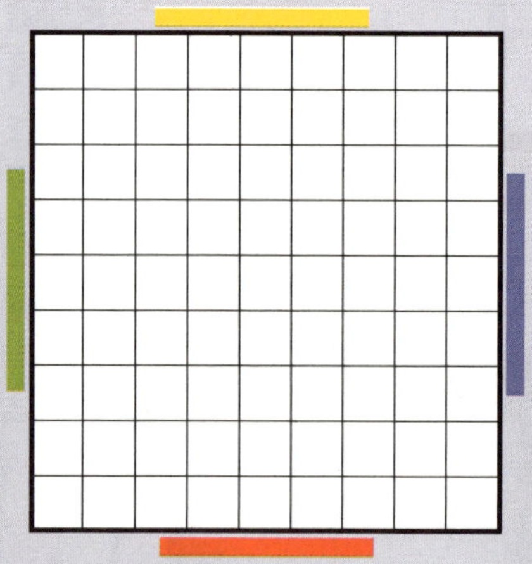

391

难度：●●●○○○○○○○
要求：👁 ✎ ✂
完成：□ 时间：________

小丑

在这 4×4 的方块中，你能找到多少个小丑？是否每个小丑出现的次数都一样，还是有些小丑出现的次数多一些？其中画出了多少个完整的小丑？重新排列这些方块，最多能画出几个完整的小丑？

392

难度：●●●●●●●○○○○
要求：👁 ✏ 📄 ✂
完成：□ 时间：________

放射的方块

旋转图中某4块小方块，就能使所有小方块以相同颜色相接。你能说出要旋转哪4块吗？

393

难度：●●●●○○○○○○○
要求：👁
完成：□ 时间：________

小丑的表演

下一次小丑该怎么表演？

394

难度：●●●●●●●●●●
要求：
完成：□ 时间：________

圆形幻方

4个圆相交，每个交点上都有一个数字。

请把下面5个数字填入，使每个圆的圆周上的数字之和为39。

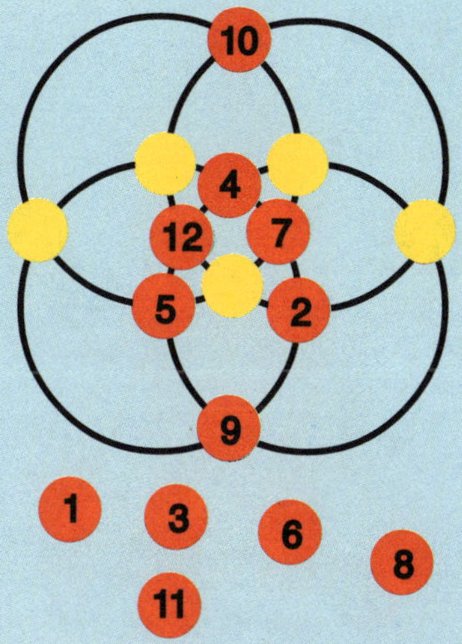

395

难度：●●●●●●●●●●
要求：
完成：□ 时间：________

T型填图

请用下面的T型图案覆盖上面那个正方形的部分，使每行和每列上都没有重复的颜色。

396

难度：●●●●●●●○○○
要求：👁 ✎
完成：☐ 时间：________

平方数

请在圆圈中填上数字，使得每两个相邻的数字之和是一个完全平方数。

397

难度：●●●●●●○○○○
要求：👁 ✎
完成：☐ 时间：________

三角形幻方 1

你能把 1 到 6 这六个数字填入三角形上的圆圈，使三角形每边上的 3 个数字之和相等吗？你能找到几种答案？

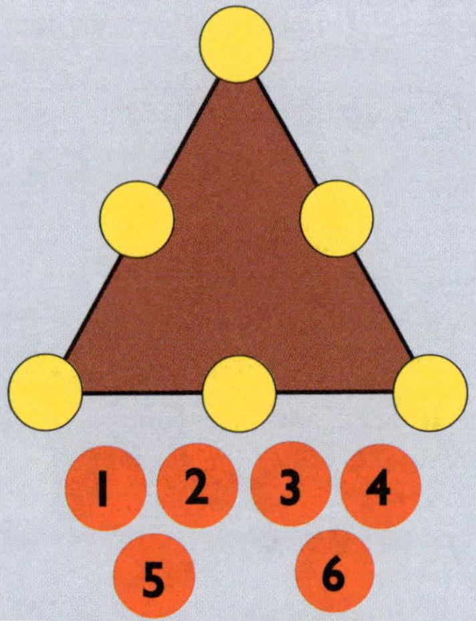

398

难度：●●●●●●●●●●
要求：👁 ✎
完成：□ 时间：________

三角形幻方 2

你能把 1 到 9 这九个数字填入三角形上的圆圈，使三角形每边上的 4 个数字之和相等吗？你能找到几种答案？

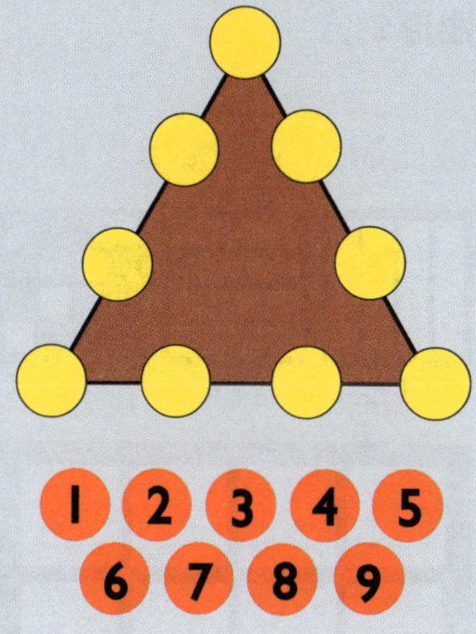

399

难度：●●●●●●●●●●
要求：👁 ✎
完成：□ 时间：________

六边形幻方

请把剩下的数字填入圆圈，使每条直线上的 3 个数之和都为 21。

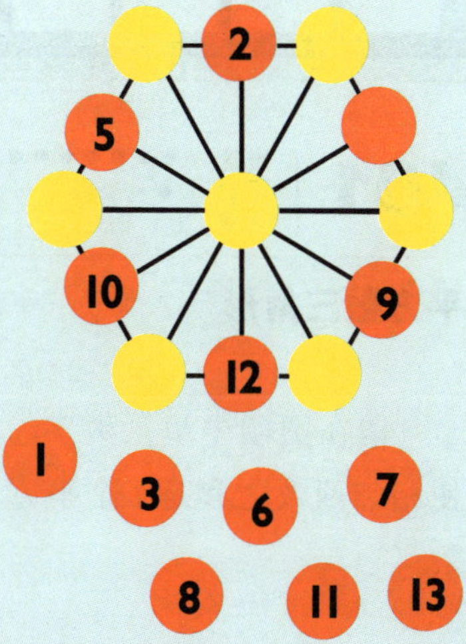

400

难度：●●●●●●●●●●
要求：👁 ✏ 📄 ✂
完成：□ 时间：________

图形幻方

请把下面的彩色图形填入空格，使得下图所列的6种位置中都包含4种不同颜色和4种不同图形？

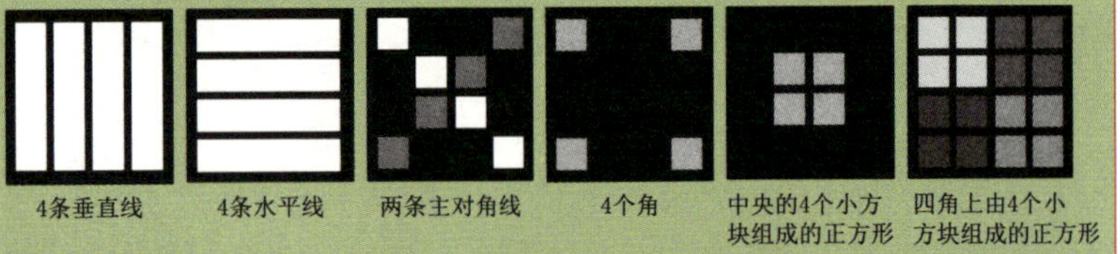

401

难度：●●●●●●●●●●
要求：👁 ✏
完成：□ 时间：________

平方数三角形

请在圆圈中填入数字，使相邻两数之和是1个平方数。

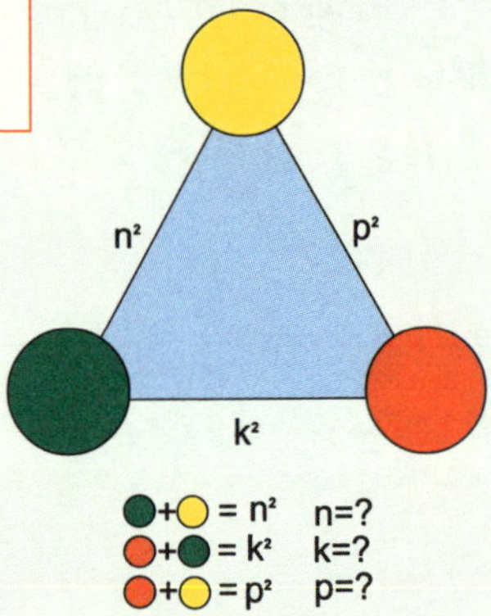

402

难度：●●●●●●●●●●
要求：
完成：□ 时间：________

圆形幻方

请把 1 到 9 填入圆圈，使每条直线上 3 个数之和都为 15。

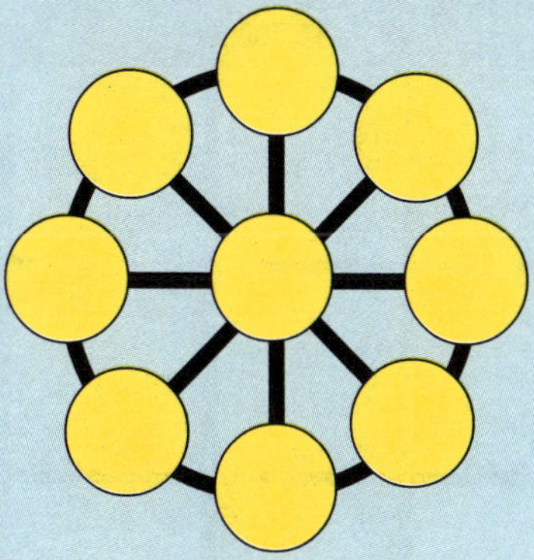

403

难度：●●●●●●●●●●
要求：
完成：□ 时间：________

七边形幻方

请把 1 到 14 填入圆圈，使七边形的每条边上 3 个数之和都为 26。

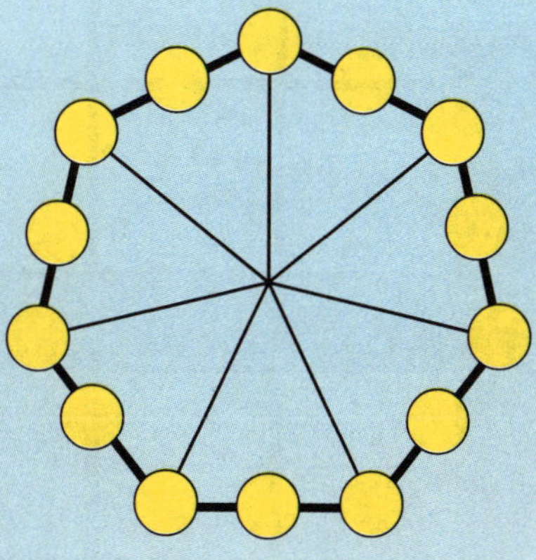

404

难度：●●●●●●●●●●
要求：
完成：□ 时间：________

外星人幻方

空格中应该填上哪个外星人？

405

难度：●●●●●●●●●●
要求：👁 ✎
完成：□ 时间：________

魔方 2

你能否将 1 到 12 这 12 个数字以某种方式分布在立方体的边上，使得每个面的 4 条边上的数字之和等于 26？

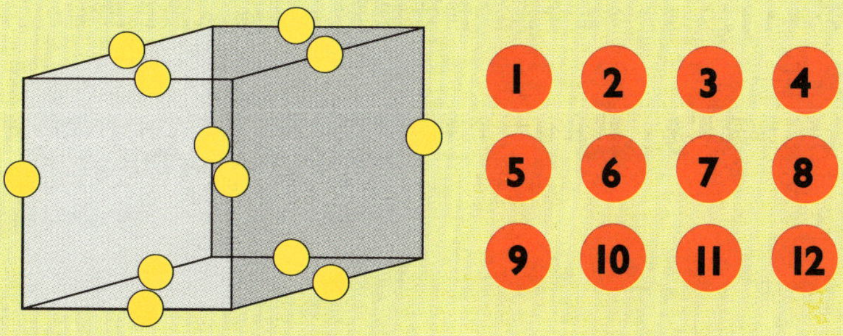

406

难度：●●●●●●●●●●
要求：👁 ✎
完成：□ 时间：________

魔力圆圈 1

你能否将 1 到 6 这 6 个数字分布在 3 个圆的交点上，使得 3 个圆周上的数字之和相等？

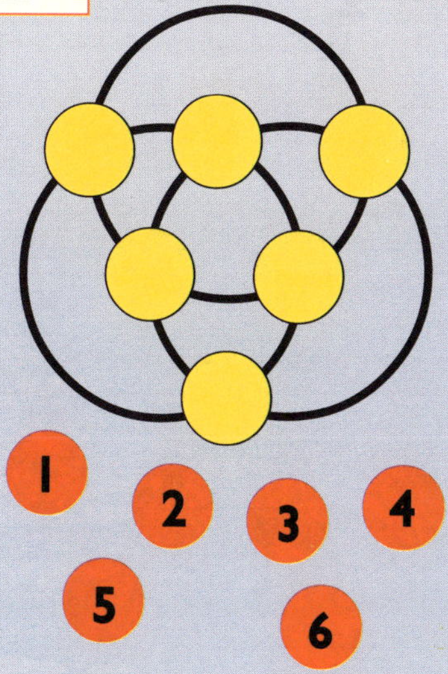

407

难度：●●●●●●●●●●
要求：👁 ✎
完成：□ 时间：________

正方形瀑布

排列一组数字，使得任意一个正方形里的值都不小于它右边或正下方的值。4 块正方形的解法如下所示。根据这些规则，你能否将 1 到 9 这九个数字放到游戏板上？将 1 到 16 放到最右边的板上？

做完以后，就会有一个瀑布般的效果，从左上一直流泻到右下。

408

难度：●●●●●●●○○○

要求：👁 ✎

完成：□ 时间：________

超立方体

人类的大脑真的能够想象四维空间吗？尽管人类被限制在三维空间内，但经过适当的数学训练之后，一个人可以培养出完整的想象超立方体的能力。

对于本题，你能否将 0 到 15 放到超立方体上的圆圈内，使得在右边给出的立方体透视图中，每个“正方形”面的 4 个角上的数字之和等于 30？

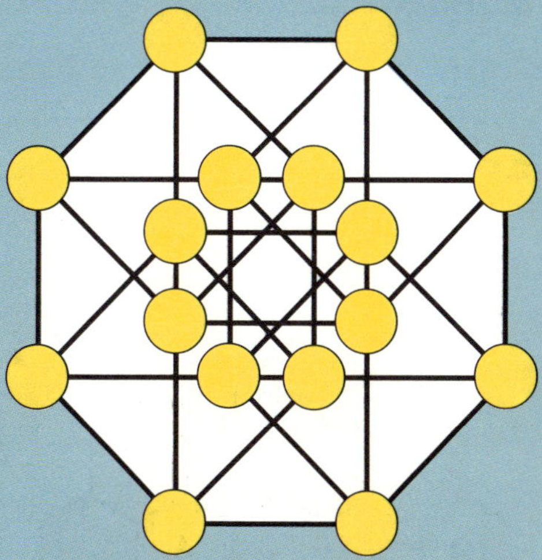

409

难度：●●●●●●●●●●
要求：👁 ✎
完成：□ 时间：________

魔力圆圈 2

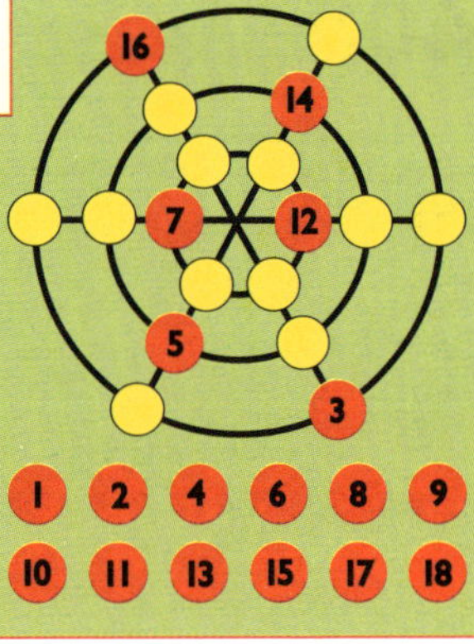

排列 1 到 18 这 18 个数字，使得任意对称的两对数字之和等于 19。3 对数字已经放好了，你能摆放好剩下的数字吗？

410

难度：●●●●●●●●●●
要求：👁 ✎
完成：□ 时间：________

魔力蜂巢

你能否将 1 到 19 分布在下面六边形的游戏板上，使得每条直线上数字之和相等？这个和是几？

为了不让问题过于复杂，我们已经在一些六边形中填好数字了，你只要填完剩下的数字。

411

难度：●●●●●●●○○○
要求：👁 ✎ 📄 ✂
完成：□ 时间：________

魔力带

13 条带子可以摆放到一个 7×7 的正方形中．使得每一行只有一种颜色。你能否重新摆放这些带子，使得每行中一种颜色只出现一次？

能否再重新摆放这些带子，使得每行、每列以及对角线（包括小对角线）上，一种颜色只出现一次？这个难题可以改成两人玩的游戏。玩家轮流摆放带子，最后一个放上带子而不违反规则的玩家获得胜利。

412

难度：●●●●●●○○○○
要求：👁 ✎
完成：□ 时间：________

魔力星星

你能否将丢失的数字补到 9 个空白圆圈中去，使得任意一条直线上的数字之和等于 26？

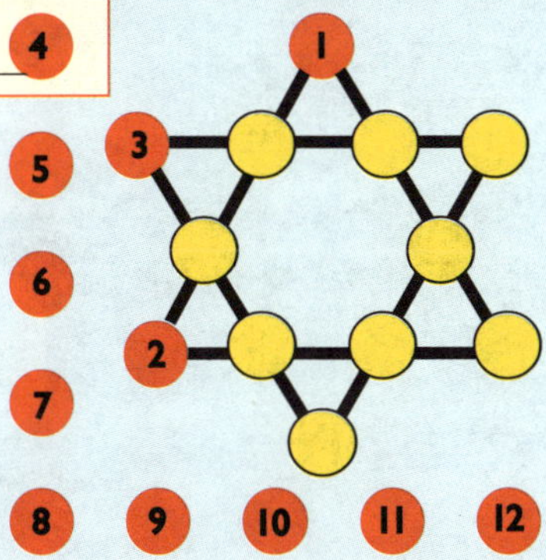

413 难度：●●●●●●●●●● 要求：👁 ✎ 📄 ✂ 完成：□ 时间：________

八边形难题 1

这些八边形可以旋转，使得在接触的每个地方，边的颜色是相同的。你能用最少的旋转达到这个目标吗？

414 难度：●●●●●●●●●● 要求：👁 📄 ✂ 完成：□ 时间：________

八边形难题 2

你能否旋转这 9 个八边形，使得面对面的边有着相同的颜色？这个问题有两种解法。

415

难度：●●●●●●●●●●
要求：👁 ✎
完成：☐ 时间：________

正方形的舞蹈

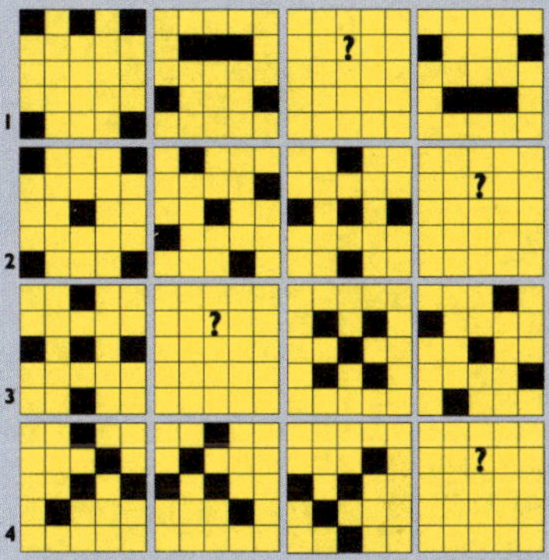

每一行中，5个黑色的小方块根据一定的次序运动，但每行少了一个图案。通过分析每一行中给出的3个图案，你能补全所有这4个次序吗？

416

难度：●●●●●●●●●●
要求：👁 ✎
完成：☐ 时间：________

方格和箭头

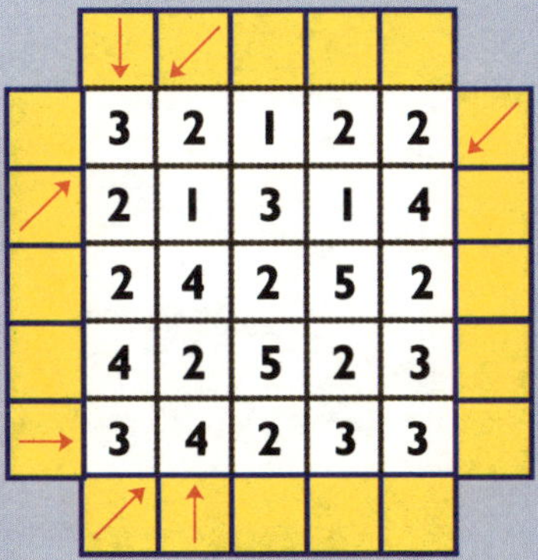

每个围绕着方格的黄色正方形必须填上一个箭头，每个箭头的指向只能是垂直的、水平的或对角线的。你能否将箭头填上，使得指向同一个正方形的箭头数量等于该正方形中的数字？

417 难度：●●●●●●●●●●
要求：
完成：□ 时间：________

透视图中的立方体

本题中多米诺原则产生了一个相似的效果。为了匹配颜色，就要合并小图案。前景的光学假象和三维的视觉反转为本题添加了一个动态维度。

复印并裁下 25 张小图案，根据多米诺原则将它们重新排列成一个 5×5 的方阵，接触的边的颜色必须一致。可能拼成的图案数目是惊人的：$2^{25}\times2^{5}$！

给出的 4 种组合形成了一个顺序，即图案中的秩序程度越来越低。很难想像所有这些组合是由同样的基本要素组成的。这些组合中的一个给出了本题的一个解法，你能指出是哪个吗？

418

难度：●●●●○○○○○○
要求：
完成：□ 时间：________

一块蛋糕

下面的蛋糕被切成这样：它们被切成同心圆的数目与沿半径切成的块数相等。比如，一个蛋糕被切成同心的两块，同时被沿半径切成两块，总共被切成4块。沿半径切3刀同时切成3个同心圆，就将一只蛋糕切成9块。

对每个蛋糕而言，每一块要被填色，使得同样颜色的两块蛋糕不能相邻也不能有共同的对顶角。可以使用的颜色种数与切成同心圆的块数相等：切成两块的蛋糕只能用两种颜色，切成3块的能用3种颜色。

按照题目给出的要求，不能将蛋糕切成两块或切成3块。那么，能否按照要求切成5块或6块？

419 难度：●●●●●●●●●● 要求：👁 ✎ 📄 ✂ 完成：□ 时间：________

彩色多米诺骨牌 1

这里给出的 15 张多米诺骨牌是由两个正方形组成的，每个正方形印有 5 种颜色中的一种。有了这样一组彩色的多米诺骨牌，你能否拼出如下所示的 6×5 的图案？

420 难度：●●●●●●●●●● 要求：👁 ✎ 完成：□ 时间：________

多米诺棋盘

这个棋盘的两个角被剪去了，这样它就有 62 个正方形格子。使用红黄相间的多米诺骨牌，是否有可能用 31 张骨牌来拼出这个棋盘？

421

难度：●●●●●○○○○○
要求：👁 ✎
完成：☐ 时间：________

两份甜点和两只盘子

如果你有两只盘子，可以用几种不同的方法端上两份甜点？

422

难度：●●●●●●●○○○
要求：👁 ✎
完成：☐ 时间：________

两种水果和三只碗

如果你有3只碗，可以用几种不同的方法端上两种水果？

423

难度：●●●●●●●●●●

要求：

完成：□ 时间：________

彩色多米诺骨牌 2

这里给出的 28 张多米诺骨牌由两个正方形组成，每个正方形印有 7 种颜色中的一种。有了这样一组多米诺骨牌，你能否拼出如下所示的图案？

424 难度：●●●●●●●●●● 要求：👁 ✎ 📄 ✂ 完成：☐ 时间：________

六方体

这里给出的每个六边形被分成3部分，每部分印有6种颜色中的一种。每个六边形的3个部分的颜色各不相同。根据这些规则，最多可以有20个这样的六边形（旋转和镜像对称的六边形算同一个）。

19个六边形已经给出了。剩下的一个六边形印有哪3种颜色呢？

你能否将20个六边形放到上面的格子中，使得任意两个六边形重合的边有着相同的颜色吗？

425

难度：●●●●●●○○○○
要求：👁 ✎ 📄 ✂
完成：□ 时间：________

彩色三角形 1

对于分成 3 部分的三角形而言，有 24 种不同的方法可以在 4 种颜色中选 3 种给那 3 部分着色。23 种已经给出了。你能找出剩下的一种吗？

然后，你能否将全部 24 个三角形放到给出的六边形中，使得两个三角形重合的边有着相同的颜色吗？

426

难度：
要求：
完成：☐ 时间：________

多米诺骨牌

用 21 张三节多米诺骨牌（由三个正方形组成的多米诺骨牌）和一张单节多米诺骨牌，你能否覆盖整个棋盘？

427

难度：
要求：
完成：☐ 时间：________

彩色三角形 2

将给出的每个三角形分成 3 部分，每部分可以用 4 种颜色中的一种去着色。会有 24 种可能的组合，其中一种组合尚未给出。空白的三角形应该着什么颜色？

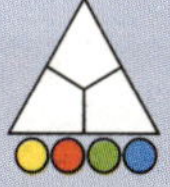

428 难度：●●●●●●○○○○ 要求：👁 ✏ 📄 ✂ 完成：□ 时间：________

彩色正方形

每个正方形沿对角线分成 4 部分，每部分可以用 3 种颜色中的一种去着色。用 3 种颜色，就有 24 种可能的组合。23 种已经给出了，空白的正方形着什么颜色？

这 24 个正方形可以放到一个 4×6 的板中，如下图所示。你能否摆放这些正方形，使得最外面的边颜色都一样，且重合的边的颜色也一致？

429

难度：●●●●●●●○○○
要求：
完成：□ 时间：________

色彩关联

每个正方形的每条边都被分成 6 种不同的颜色。你能否将这些正方形放置成边连边的样子，使得一种颜色形成一条连续的曲折形状穿过 4 个正方形？

本题中只有一种颜色可以做到，是哪种颜色？

430

难度：●●●●●○○○○○
要求：
完成：□ 时间：________

彩色的行列

只能用红色或蓝色，将这些交点一个一个上色。你能否完成整个图案，同时不让任意一条线上有 4 个颜色相同的点？

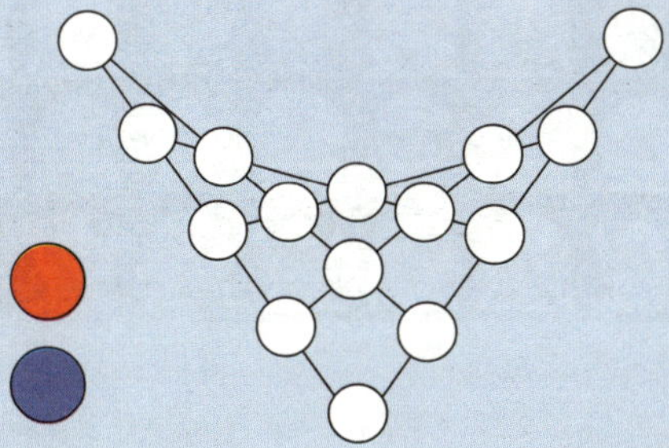

431

难度：●●●●○○○○○○
要求：
完成：□ 时间：________

拯救宇宙游戏

这个配对的游戏要求集中注意力，可以由 3 个或更多的人来玩。

首先，复印并剪下下一页上的解码条，并将它们放在一个盒子里。玩家轮流从盒子中抽出一张解码条，并将这张解码条在大家面前展示。抽解码条的玩家随后作为裁判，而余下的玩家继续试着找出与解码条上的描述匹配的外星人。找得多的人获胜。

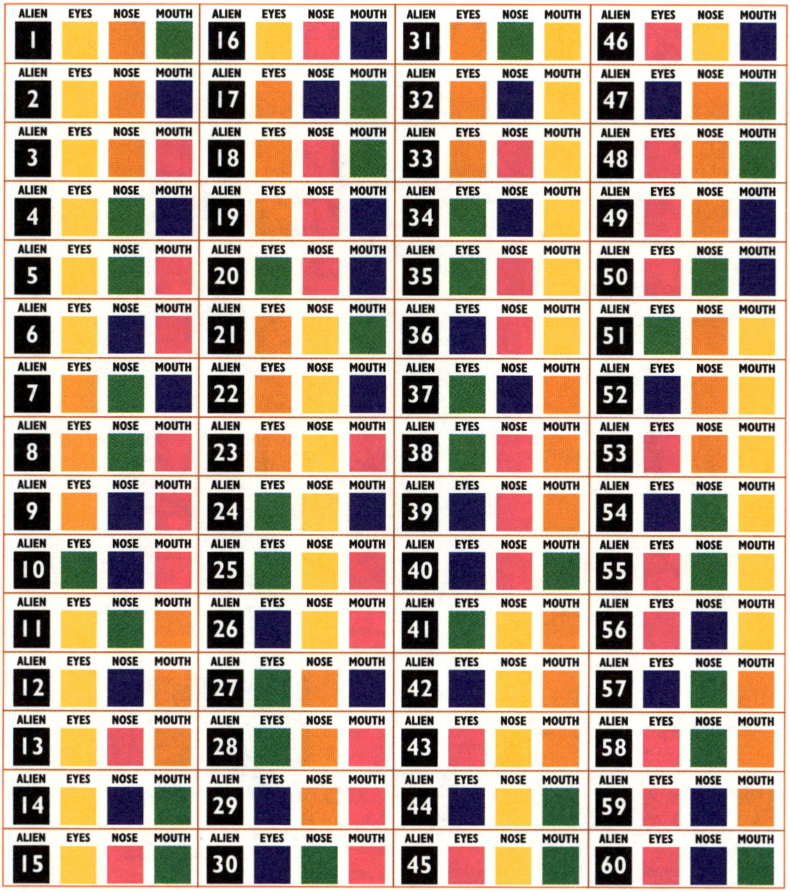

432

难度：●●●●●●●●●●●
要求：
完成：□ 时间：________

六边形 1

你能否将这里给出的 6 个六边形放到蜂巢中，使它们相互接触的边的颜色相同吗？

433

难度：
要求：
完成：□ 时间：________

六边形 2

你能否重新摆放这 6 个六边形，使每条边只与颜色图样相同的边相接邻？

434

难度：
要求：
完成：□ 时间：________

彩色的牌

3 张标有数字的牌中之有一张是无法从方格图案中找出来的。你能找出缺了哪一张吗？

8

解析

435

难度：●●●●●●●●○○
要求：👁 ✎
完成：□ 时间：________

维法的分割问题

10 世纪数学家维法发现了一个分割问题：你能否将 3 个相同的正方形分割成小片，再将这些小片重新拼成一个大的正方形？维法的解法是分割成 9 片，你能展示他的解法吗？

436

难度：●●●●○○○○○○
要求：👁
完成：□ 时间：________

翻转成字母

这里有 11 个彩色的图形，每个都可以沿各自的红色对称轴翻转。展开想像，你能说出 11 个图形都翻转过来会是什么样吗？（提示：结果是一个常见的英文单词。）

437

难度：●●●●●○○○○○
要求：👁 ✎ 📄 ✂
完成：☐ 时间：________

切割正方形

一个完整的正方形可以由16个相同的直角三角形组成，这些直角三角形两条直角边之比为2:1，如图所示。增加4个相同的三角形，可以用这20个直角三角形拼出一个稍微大一些的正方形吗？

438

难度：●●●●○○○○○○
要求：👁
完成：☐ 时间：________

镜像翻转

每片彩色小片都可以沿着红色对称轴翻转。通过观察与想像，你能说出当4片都翻转后，会产生一个什么样的图形吗？

439

难度：●●●●●●○○○○
要求：
完成：□ 时间：________

三个变成一个

3 个相同的正方形，其中的两个已经被分割了，一个被分成两部分，另一个被分成 3 部分。摆放这 6 片来拼成一个更大的正方形。

440

难度：●●●●●●○○○○
要求：
完成：□ 时间：________

二等分正方形

沿着给出的方格线，只有 6 种方法可以将一个正方形分割成两个相同的部分，不包括旋转对称和镜像对称。6 种方法中的一种已经给出了，你能找出其余的 5 种吗？

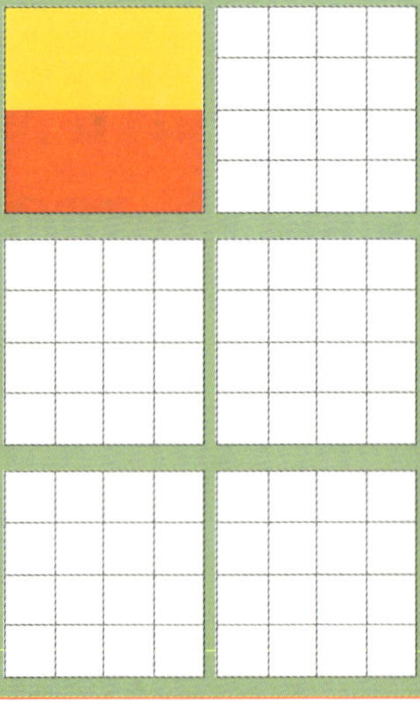

441

难度：●●●●○○○○○○
要求：
完成：□ 时间：________

七巧板

你能用七巧板拼出这里只给出轮廓的6个图形吗？

442

难度：●●●●●○○○○○
要求：
完成：□ 时间：________

矛盾的七巧板

这两个轮廓都是通过摆放七巧板拼出来的，但右面的那个似乎多出来一块。你能拼出它们吗？

443

难度：●●●●○○○○○○
要求：
完成：□ 时间：________

两组七巧板

复印并剪下这两个相同的七巧板。你能否用全部 14 块七巧板拼成一个更大的正方形？

444

难度：●●●●●○○○○○
要求：
完成：□ 时间：________

幸运的切割

你能否只用两刀就将这个马蹄形切成 6 块？

445 | 难度：●●●●●●●●●● 要求：👁 ✎ 完成：□ 时间：________

分开的猴子

沿着 6×6 正方形中的方格线，将四只猴子分开。分成相同的 4 部分，每部分都有 1 只猴子，要怎么分？

446

难度：●●●●●●●●●●
要求：👁 ✎
完成：□ 时间：________

四等分正方形 1

有 6 种方法可以将一个正方形分割成 4 个相同的部分，不包括镜像对称和旋转对称。已经给出了一种方法，你能找出其余 5 种吗？

447

难度：●●●●●●●●●●
要求：👁 ✎
完成：□ 时间：________

四等分正方形 2

一个 5×5 的正方形缺了中间的一小块，这个正方形就可以沿着方格线剪成 4 个相同的部分。有 7 种方法可以达到这个结果，已经给出一种方法。你能找出其余的 6 种吗？

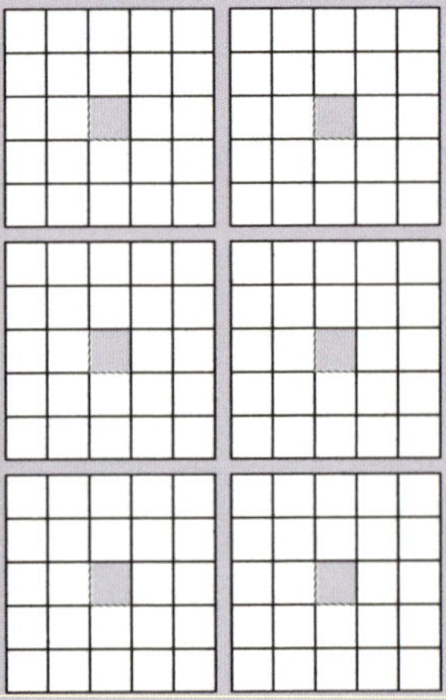

448

难度：●●●●●●●●●●
要求：
完成：□ 时间：________

栅栏

你能否沿着方格线竖起栅栏，使得四种动物中的每一种都有一个大小和形状相同的围栏？

449

难度：●●●●●●●●●●
要求：👁 ✏
完成：□ 时间：________

平分图形 1

你能否将这个不规则图形分成两个相同的部分呢？分成四部分呢？

450

难度：●●●●●●●●●●
要求：👁 ✏
完成：□ 时间：________

平分图形 2

你能否将这个不规则图形分成两个相同的部分？

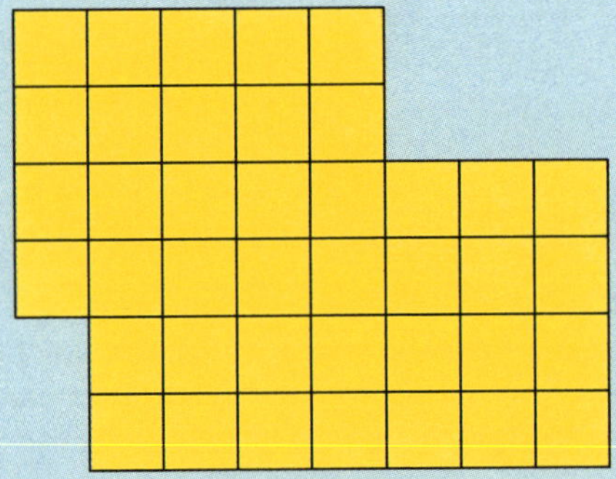

451

难度：●●●●●●●●●●
要求：👁 ✎
完成：☐ 时间：________

平分图形 3

你能否将这个图形分成两个相同的部分？

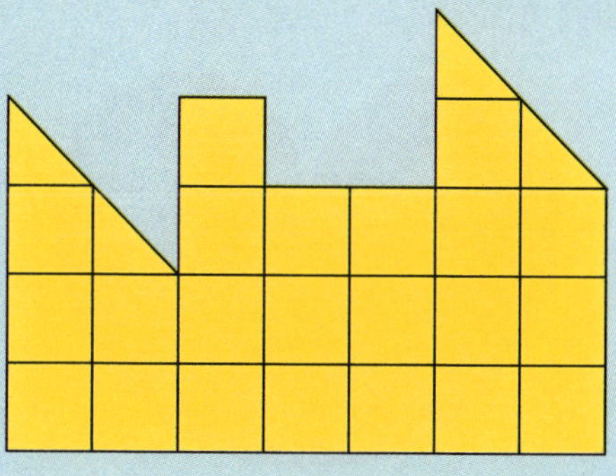

452

难度：●●●●●●●●●●
要求：👁 ✎
完成：☐ 时间：________

平分图形 4

你能否将这个图形分成两个相同的部分？

453

难度：●●●●●●●●●●
要求：👁 ✎
完成：☐ 时间：________

平分心形

仔细观察下面的心形图形。哪条通过黄色点的线将这个图形分成两个相同的部分？

454

难度：●●●●●●●●●●
要求：👁 ✎
完成：☐ 时间：________

四等分图形 1

你能将这个 L 形分成四块相同的部分吗？

455

难度：●●●●●●○○○○
要求：👁 ✏
完成：☐ 时间：________

四等分图形 2

你能将这个图形分割成 4 个相同的部分吗？

456

难度：●●●●●●●○○○
要求：👁 ✏
完成：☐ 时间：________

四等分图形 3

你能将这个梯形分成 4 个相同的部分吗？

457

难度：●●●●●●●●●●
要求：👁 ✎
完成：□ 时间：________

连接的图1

右边的图形由两个部分组成，这两个部分仅有一个点相连。你能否将这个多边形分割成两个相同的连接的图形吗？

458

难度：●●●●●●●●●●
要求：👁 ✎
完成：□ 时间：________

连接的图形2

这个非凸多边形被分割成24个相同的三角形，每个三角形用4种颜色中的一种着色。你能否在这个多边形框架内重新摆放这些三角形，拼成4个相同的连接图形？

459

难度：●●●●●●●●●●
要求：
完成：□ 时间：________

瓢虫分家

当瓢虫饿的时候，它们就会开始打架。你能否放上3条直的栅栏，将每只瓢虫围在一个围栏中？

460

难度：●●●●●●●●●●
要求：
完成：□ 时间：________

希腊十字分割

将这个图形分割成两个相同的部分，并拼成一个完整的希腊十字。你能做到吗？

461

难度：●●●●●●●●○○○
要求：👁 ✎
完成：□ 时间：________

苍蝇

方格中有9只苍蝇，每行、每列和每条对角线上仅有1只。移动其中的3只苍蝇，每只沿行、列或对角线移动一格，但要保持让每行、每列和每条对角线上只有1只苍蝇。

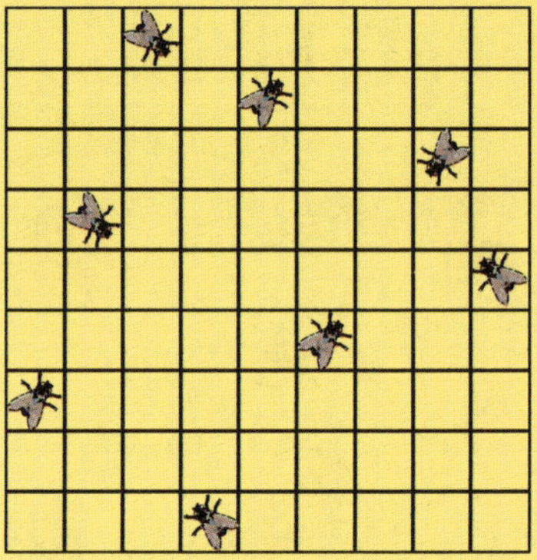

462

难度：●●●●●●○○○○
要求：👁 ✎
完成：□ 时间：________

希腊十字变成正方形

将这个希腊十字切成9块，将这9块拼成5个小正方形或一个大正方形。怎么才能做到？

463

难度：●●●●●●●●●●●
要求：👁 📄 ✂
完成：□ 时间：________

星形变成矩形

这个六角星被切成了6块。你能否重新摆放这6块来拼出一个矩形？

464

难度：●●●●●●●●●●●
要求：👁 ✎
完成：□ 时间：________

一个变两个

你能否将这个5×5的正方形切成最少的块，用这些块拼出一个4×4的正方形和一个3×3的正方形？

465

难度：●●●●●●●●●●
要求：👁
完成：□ 时间：________

有铰链的三角形

这个等边三角形被切成4个部分。用红色标记的铰链将这4个部分相互连在一起。如果固定住蓝色的那片，绕着铰链转动其他几片，将拼出一个新的形状。你能说出拼出的是什么形状吗？

466

难度：●●●●●●●●●●
要求：👁 ✏
完成：□ 时间：________

阻挡潜水艇的网

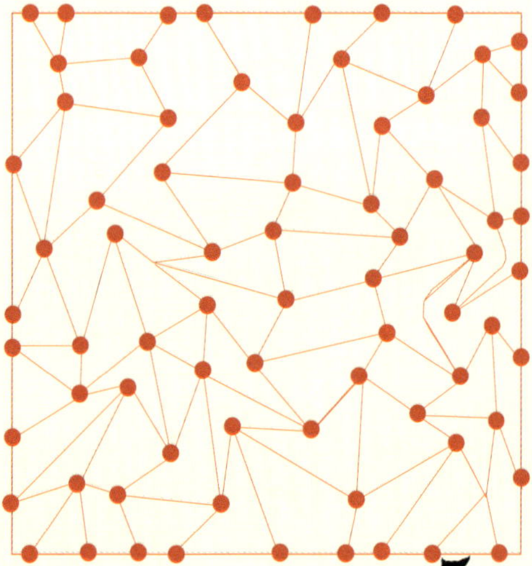

潜水员必须在敌人布下的网中切出一条路，让潜水艇通过。但他们只能切断绳子，不能切断结点。

你能找出从顶部到底部切断绳子最近的路吗？

467

难度：●●●●●●○○○○
要求：
完成：□ 时间：________

三角形变成六边形

请将这六块图形拼成一个等边三角形，再用它们拼成一个六边形。

468

难度：●●●●●●○○○○
要求：
完成：□ 时间：________

一变三

你能否将这个 7×7 的正方形切成最少的块，将这些块拼出 3 个较小的正方形：一个 6×6 的，一个 3×3 的和一个 2×2 的？

469

难度：

要求：

完成：□ 时间：________

埃及三角形

古埃及用一种简单的工具来构造几乎完美的直角三角形：一根用结 12 等分的绳子。将这根绳子围成一个边长比为 3:4:5 的三角形时，最大的那个角是直角。

请将右上的五块图形放到直角三角形上的两个较小的正方形里，再将同样的五片放到直角三角形下面那个较大的正方形里。

470

难度：

要求：

完成：□ 时间：________

佩里格的发现

用红色和粉红色的梯形填满中等大小的正方形，并用蓝色的正方形覆盖小的正方形。你能将这同样的 5 块放到大的正方形中去吗？

471 毕达哥拉斯游戏

难度：●●●●●○○○○○
要求：👁 ✎ 📄 ✂
完成：□ 时间：________

这个新奇的多米诺骨牌三人游戏基于一个从毕达哥拉斯定理中得到的图形：分别以等腰直角三角形的3条边向外做3个正方形。这里的27张毕达哥拉斯游戏卡有三种颜色的不同组合：红色、蓝色和黄色。

每次在方格中放一片，让较小的正方形与格子重合，较大的正方形贴着对角线。玩家轮流将游戏卡放到方格中，无论大或小，相邻的正方形必须是相同的颜色。游戏进行到不能再放上游戏片为止，得分最多的玩家获胜。如果打平，得分条数最少的玩家获胜。

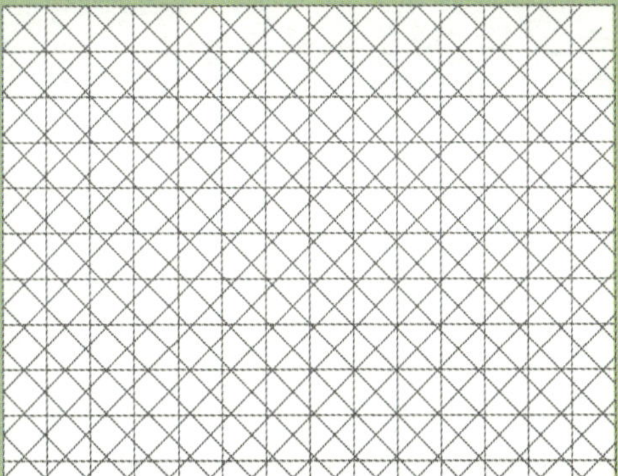

毕达哥拉斯游戏例图

这个游戏的分数是红色6分、蓝色6分、黄色5分。红色获胜，因为大的红色正方形由比蓝色更少的条数连接（只有2条）。注意单独的大正方形不计分。

472

难度：●●●●●●●●●●

要求：

完成：□ 时间：________

四个变一个

这 4 个五角星被分成 12 块。你能将这 12 块拼成一个大的五角星吗？

473

难度：●●●●●●●●●●

要求：

完成：□ 时间：________

三角形变成星形

这个等边三角形由 24 个相同的直角三角形组成。你能将这些直角三角形拼成一个完整的六角星吗？

474

难度：●●●●●●●●●●
要求：👁 🗐 ✂
完成：☐ 时间：________

五角星

这 5 个五角星被分成 18 块。请将这 18 块再拼成一个大的五角星。

475

难度：●●●●●●●●●●
要求：👁 🗐 ✂
完成：☐ 时间：________

T 形变成矩形

你能否将切割了的 T 形拼成一个矩形？

476

难度：●●●●●●○○○○
要求：👁 📄 ✂
完成：□ 时间：________

几何拼图

这五个彩色图形可以拼成一个正方形、一个梯形、一个三角形、一个希腊十字或者一个平行四边形。你能拼成这5个图形吗？

477

难度：●●●●●●●○○○
要求：👁 ✏ 📄 ✂
完成：□ 时间：________

圆形变成矩形

这个图形是用一个固定半径的圆规画的。你能否用3条直线将这个圆分割开，再将红色部分拼成一个矩形？

478

难度：●●●●●●●●●●
要求：
完成：□ 时间：________

九边形魔术

复印这个九边形，并将它剪成15个部分。你能否将这15个部分拼成3个较小的九边形？

479

难度：●●●●●●●●●●
要求：
完成：□ 时间：________

五角星

复印这个五角星，并将它剪成17个部分。你能否将这些部分拼成4个相同的十边形？

480 难度：●●●●●●●●●●● 要求：👁 📄 ✂ 完成：☐ 时间：________

装进去

11个相同的正方形要装到黄色的正方形中，这个黄色正方形的边长是小正方形边长的3.877083倍。有两条规则必须遵守，一是红色的正方形不能超出黄色正方形的边，二是红色的正方形不能互相重叠。你能找出解法吗？

481 难度：●●●●●●●●●●● 要求：👁 ✏ 📄 ✂ 完成：☐ 时间：________

消失的铅笔

这幅图中有7支红色的铅笔和6支蓝色的铅笔。沿着虚线裁剪，再将图形的左下部分与右下部分交换，会发生什么？

482

难度：●●●●●●●●●●
要求：👁
完成：☐ 时间：________

星形难题

这个十二角星已经被分割成24个部分。你能将这些部分拼成3个较小的十二角星吗？

483

难度：●●●●●●●●●●
要求：👁
完成：☐ 时间：________

十二角星

复印这个十二角星，并沿线将它剪成24个部分。你能否将这些部分拼成3个较小的十二角星？

484

难度：●●●●●●●●●●
要求：👁 📄 ✂
完成：□ 时间：________

被分割的矩形

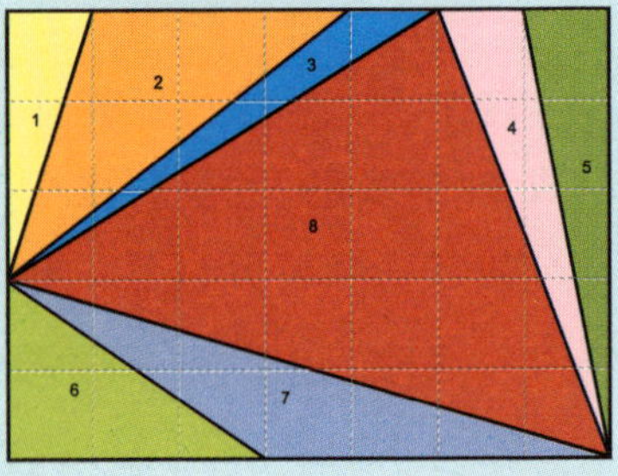

仔细观察这个被分割的矩形，你能用矩形中的单位正方形来表示每块区域的大小吗？是红色的大三角形更大，还是剩余的部分更大？

485

难度：●●●●●●●●●●
要求：👁 ✎ 📄 ✂
完成：□ 时间：________

最小的完全长方形

最小的完全长方形由如下所示的正方形组成，这些正方形的边长分别是 1、4、7、8、9、10、14、15 和 18 个单位。你能否用这些正方形拼成一个完全长方形？

486 难度：●●●●○○○○○○ 要求：👁 ✎ ✂ 完成：□ 时间：________

无穷的正方形

边长为 1 到 24 个单位的 24 个正方形的面积之和为 4900 平方单位。如图给出的 70×70 的游戏板的面积同样为 4900 平方单位。你能否不重叠地用 24 个正方形覆盖这个游戏板？

还有没有更少数目的连续完全平方数，它们的和也是完全平方数呢？

487

难度：●●●●●○○○○○
要求：👁 ✎
完成：☐ 时间：________

不完全正方形

一个 3×3 的正方形可以被分割成一个 2×2 的正方形和 5 个 1×1 的正方形，总共 6 个。一个 4×4 的正方形可以分割成个 3×3 的正方形和 7 个 1×1 的正方形，但更好的解法是分成 4 个 2×2 的正方形。

边长是偶数的正方形很容易成为不完全正方形，而那些边长是奇数的正方形就复杂得多了。请试着将这些边长分别为 11、12、13 和 14 个单位的正方形分割成最少块数的不完全正方形。

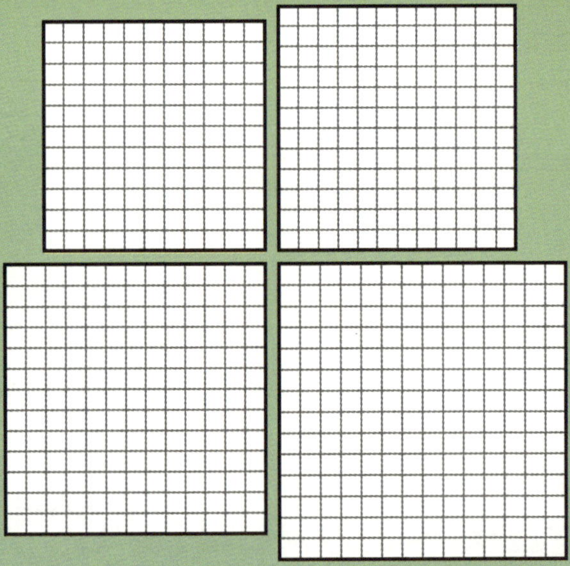

488

难度：●●●●●●●●●●
要求：
完成：□ 时间：________

没有覆盖到的小正方形

如果你试着将 5 个 V 形图形放到这个 4×4 的板上，总有一个小正方形没被覆盖到。V 形图形每个覆盖的面积是 3 个平方单位，而板的面积是 16 个平方单位。那是不是板上任意一个小正方形都能无法被覆盖呢？

489

难度：●●●●●○○○○○
要求：
完成：□ 时间：________

不完全正方形分割

如图所示，15 个正方形可以拼成一个 13×13 的不完全正方形。如果拿走 5×5 的正方形中的一个，那你能否将剩下的正方形拼成一个 12×12 的完全正方形呢？

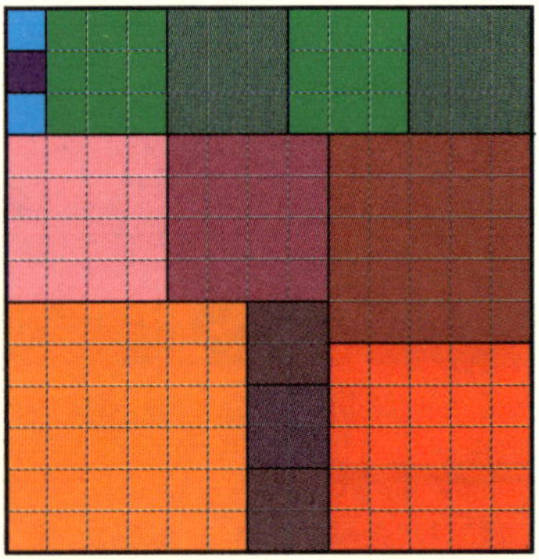

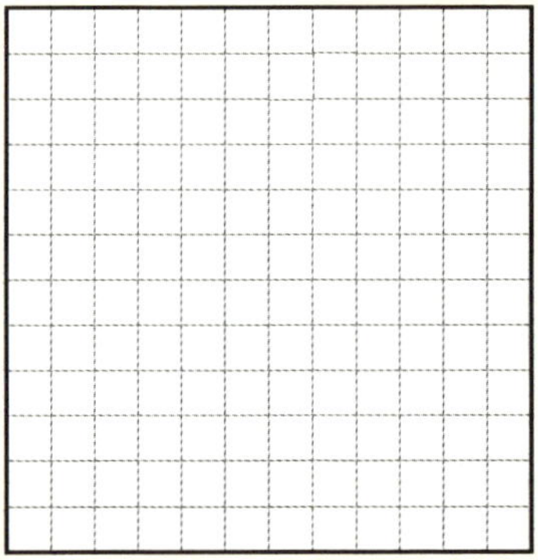

490

难度：●●●●●○○○○○
要求：
完成：□ 时间：________

不完全三角形

将这个边长为 11 个单位的等边三角形分割成更小的整数边长的三角形。能完全覆盖这个图形的三角形的最小数目是几？

491 | 难度：●●●●●●●○○○○
要求：👁 ✎
完成：☐ 时间：________

装入箱柜

下面给出的10个包裹总共覆盖面积为60平方单位。有三个1×20的箱柜，不重叠放，你能否将这10个包裹装到三个箱柜中？

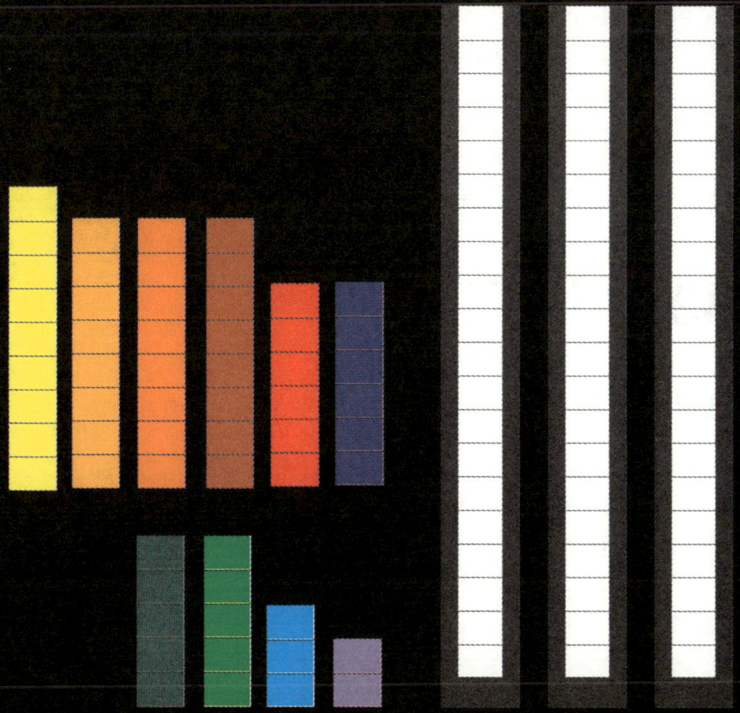

492

难度：●●●●●●●●●●
要求：
完成：□ 时间：________

枪眼问题 1

你能否在一个 4×7 的方格中放上 10 个 2×1 的多米诺骨牌，并构造出 8 个洞眼，而且每个都是 1×1 的？

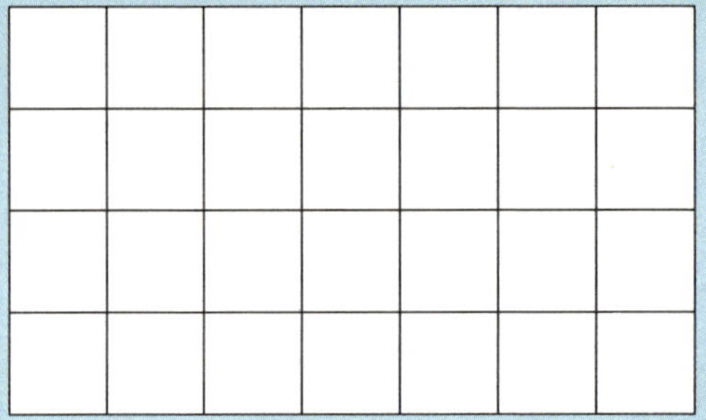

493

难度：●●●●●●●●●●
要求：
完成：□ 时间：________

枪眼问题 2

你能否在这个 4×8 的板上放上 11 个 2×l 的多米诺骨牌，并构造出 10 个 1×1 的洞眼？

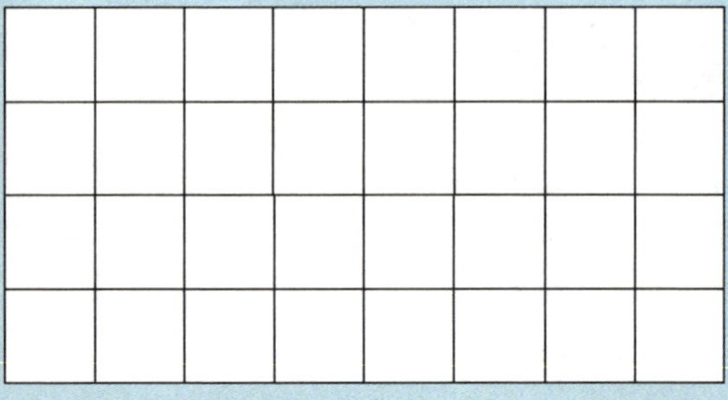

494

难度：●●●●●●○○○○
要求：👁 ✎
完成：☐ 时间：________

枪眼问题 3

你能否在这个 5×8 的板上放上 14 个 2×1 的多米诺骨牌，并构造出 12 个 1×1 的洞眼？

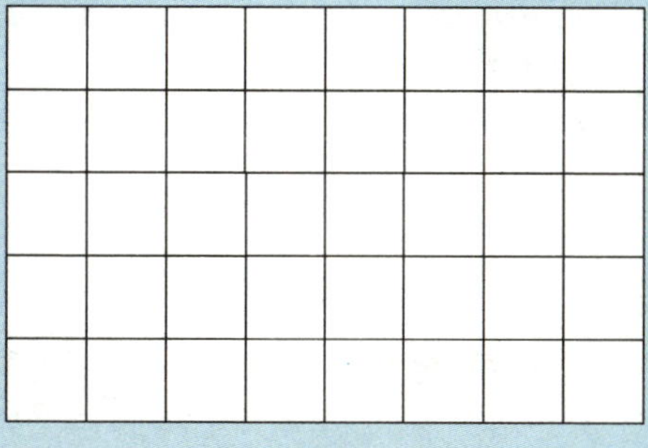

495

难度：●●●●●●○○○○
要求：👁 ✎
完成：☐ 时间：________

枪眼问题 4

你能否在这个 8×10 的板上放上 27 个 2×1 的多米诺骨牌，并构造出 26 个 1×1 的洞眼？

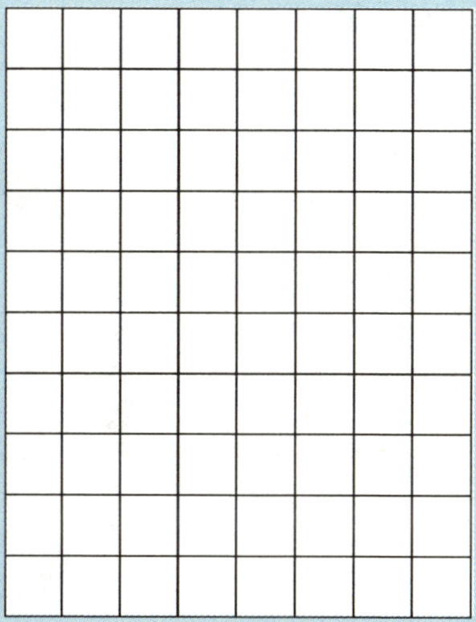

496

难度：●●●●●●●●●●
要求：👁 ✎ 📄 ✂
完成：□ 时间：________

填六边形

右边给出了两个图形，你能否用 6 个这样的图形填满一个正六边形？

497

难度：●●●●●●●●●●
要求：👁 ✎
完成：□ 时间：________

三角形中的矩形

有 4 个等腰直角三角形，每个都被正方形或长方形部分覆盖了。你能否说出哪个三角形被覆盖的面积最大？

498

难度：●●●●●●●●●●
要求：
完成：□ 时间：________

不完全平行四边形

这个 19×20 的平行四边形被一个个三角形的小格子覆盖了。沿着这些格子，将这个平行四边形分割成 13 个等边三角形，并且有两个以上大小相同。

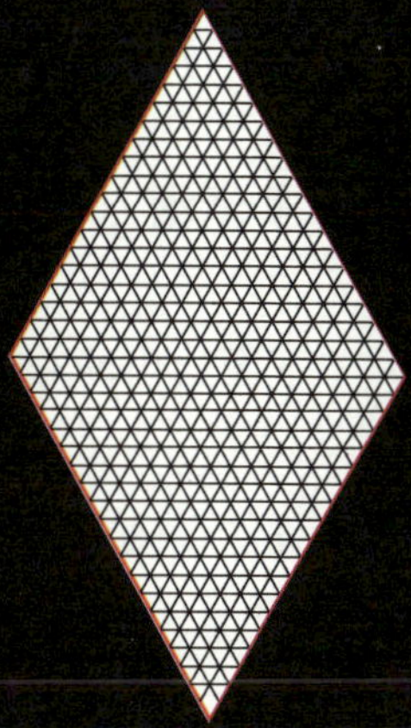

499

难度：●●●●●●●●●●
要求：
完成：□ 时间：________

拼装矩形

你能将这 7 个矩形拼成一个更大的矩形吗？

500 | 难度：●●●●●●●●●● 要求：👁 ✎ 完成：□ 时间：________

多节多米诺

下图给出的是用9种不同的方法来拼接4个相同的正方形。

你能否找出所有不同的方法，来连接5个相同的正方形？

（图注：monomino：单节多米诺骨牌；domino：多米诺骨牌；right tromino：右三节多米诺骨牌；straight tromino：直三节多米诺骨牌；squarete tromino：正方形四节多米诺骨牌；straightte tromino：直四节多米诺骨牌；T-te tromino：T形四节多米诺骨牌；skewte tromino：斜四节多米诺骨牌；L-te tromino：L形四节多米诺骨牌。）

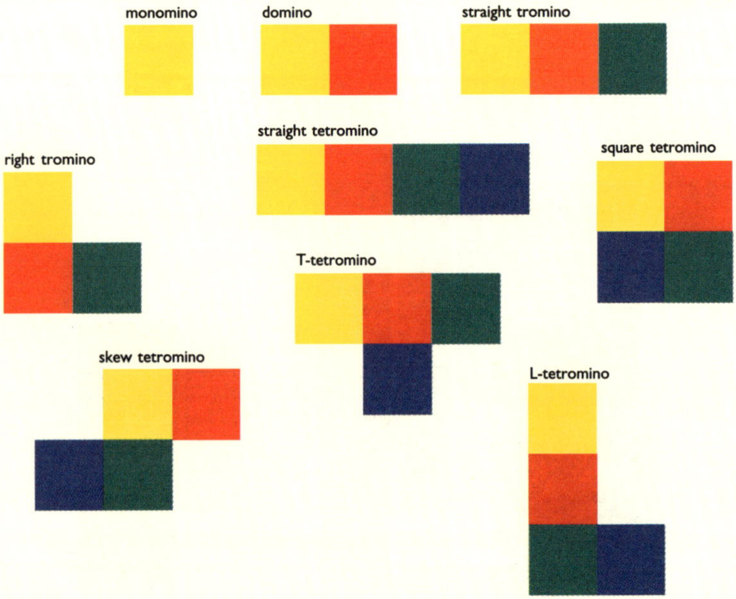

501

难度：●●●●●●●●●●
要求：
完成：□ 时间：________

四节多米诺

这里给出了 5 种可能的四节多米诺骨牌。将它们放到一个 4×4 的正方形中，有几种方法？

502

难度：●●●●●●●●●●
要求：
完成：□ 时间：________

战舰

有一支 10 艘战船组成的舰队：4 艘潜艇（每艘占 1 格正方形）、3 艘驱逐舰（每艘占 2 格正方形）、2 艘巡洋舰（每艘占 3 格正方形）以及 1 艘航母（占 4 格正方形），可以完全占据一个 10×10 的方格。

请摆放 9 艘较小的战船，使得板上无法放航母。

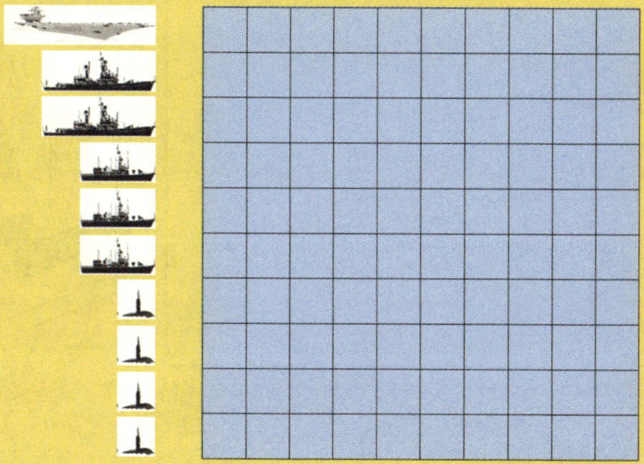

503

难度：●●●●●●●●●●●

要求：👁 📄 ✂

完成：☐ 时间：________

消失的小正方形

复印并剪下全部 17 块图形。将所有的部分完整地覆盖在右边白色正方形上，然后移去黄绿相间的小正方形，并在白正方形上重新拼好剩下的图形。你将发现，你可以又一次覆盖正方形，并且是完全相同的图样。

为什么额外的正方形没有造成差别呢？

504

难度：
要求：
完成： 时间：________

放三角形

你能将几个这样的小图形不重叠地放到大图形中？

505

难度：
要求：
完成： 时间：________

五节多米诺

请在每个 8×8 的方格中，找出全部 12 个五节多米诺骨牌（没有覆盖到的小正方形用黑色表示），并画出每个五节多米诺骨牌的轮廓。

（图注：Puzzle1-6：问题 1-6。）

506 难度：●●●●●●●●●● 要求：👁 ✎ 🗐 ✂ 完成：☐ 时间：________

T 形骨牌

T 形骨牌是由单位正方形边连边组成的对称图形。

这里给出了 12 个互不相同的 T 形骨牌，请将它们互不重叠全部放到一个 15×15 的方格上。这里给出了一个样板，但未能把由 13 个正方形组成的 T 形放上去。

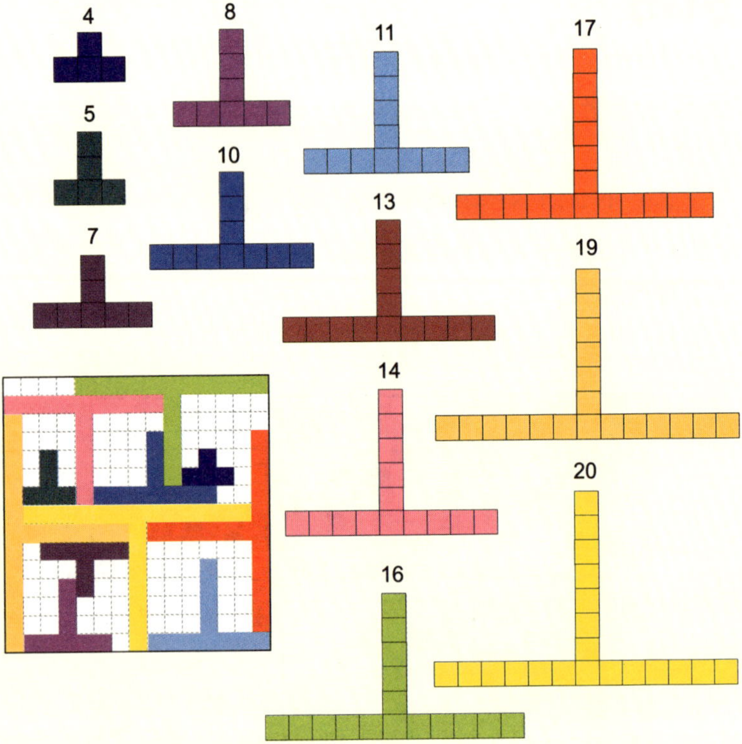

507 难度：●●●●●●●●●● 要求：👁 ✎ 完成：□ 时间：________

拼T形

如图所示，需要多少个小T形图形可以拼出大T形？

508 | 难度：●●●●●●●●●● 要求：👁 ✎ 🗐 ✂ 完成：□ 时间：________

五节多米诺的彩色游戏

在经典的五节多米诺图形中再加一个彩色的图案，你会开发出新的问题。将彩色的五节多米诺骨牌轮流放在一个棋盘上，这个棋盘中央的4个格子被隔开了。放每个五节多米诺骨牌时，必须满足至少有一边与相同颜色的边相接触。放上最后一个图形的人获胜。

你能否将全部12个五节多米诺骨牌放到棋盘上？

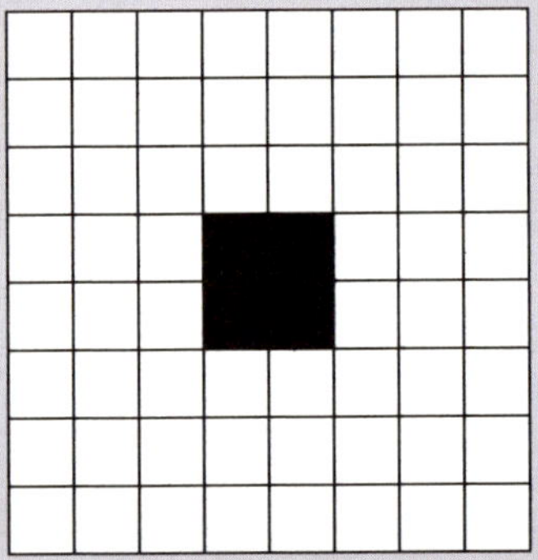

509

难度：●●●●●○○○○○
要求：👁
完成：□ 时间：________

铺装正多边形

正多边形的数目是无穷的，从等边三角形、正方形，一直到圆，而圆可以被认为是有无穷多条边的正多边形。用这样的正多边形铺装一个平面，你能做到吗？

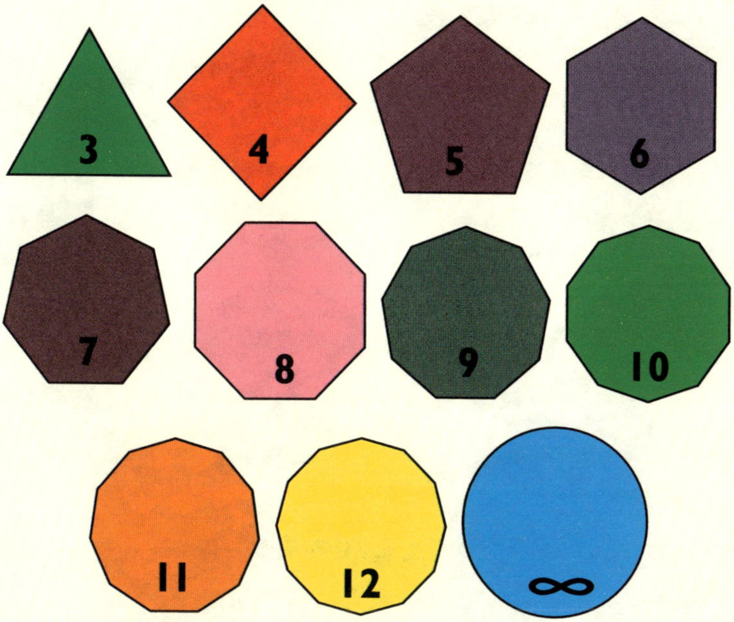

510

难度：●●●●●●●●●●
要求：👁 ✏
完成：□ 时间：________

小鱼吃大鱼

大鱼吃小鱼，小鱼吃小小鱼。不能互相重叠，试着用黄色、绿色和红色的小小鱼来填满小鱼，然后看看多少条小鱼可以填满大鱼。

这里有81条红色、绿色和黄色的小小鱼，它们会全部填到大鱼中去吗？

9

数字

511

难度：●●●●●○○○○○
要求：👁 ✏
完成：□ 时间：________

四层塔

将组成四层塔的数字标上 0 到 9，如图所示。有多少种排列数字的方式？

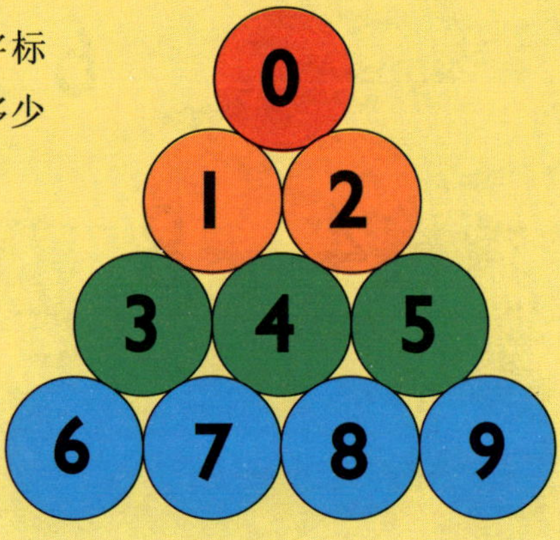

512

难度：●●●●●●○○○○
要求：👁 ✏
完成：□ 时间：________

三角形数字

如图所示，三角形数字可以在将一组物体堆成等边三角形时得到，依次类推，第十八个三角形数字中有几个物体？

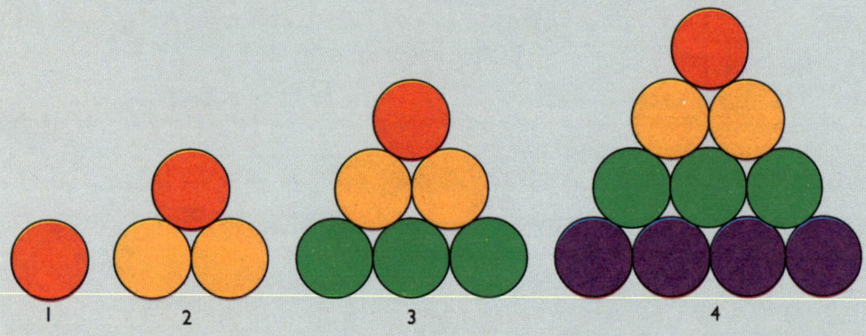

513

难度：●●●●●●○○○○
要求：
完成：□ 时间：________

数字 9

怎样用 6 个 9 来表示 100？

514

难度：●●●●●●○○○○
要求：
完成：□ 时间：________

六边形数字

这里给出了图形形式最小的 4 个六边形数。它们是 1，7，19 和 37。计算连续六边形数之间的差，下一个六边形数一定是几？

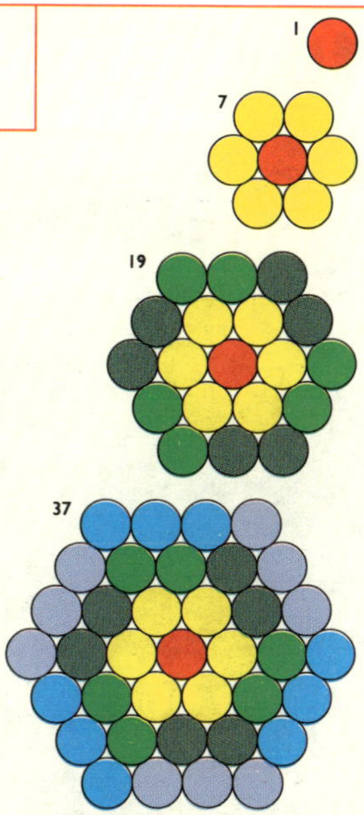

515

难度：●●●●●●●●●●

要求：👁 ✎

完成：□ 时间：________

正方形数

下面给出了图形形式最小的 6 个正方形数。第七个正方形是什么样的？

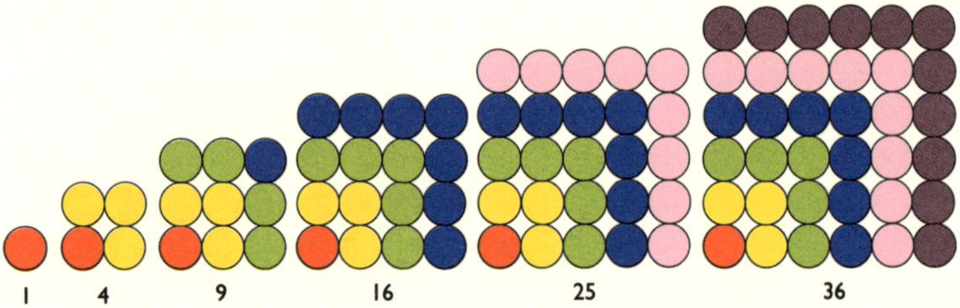

516

难度：●●●●●●●●●●

要求：👁 ✎

完成：□ 时间：________

组成正方形数

图中第七个正方形数 49 以圆的形式给出。如果每个正方形数是两个连续三角形数之和，那么是哪两个三角形数组成 49？

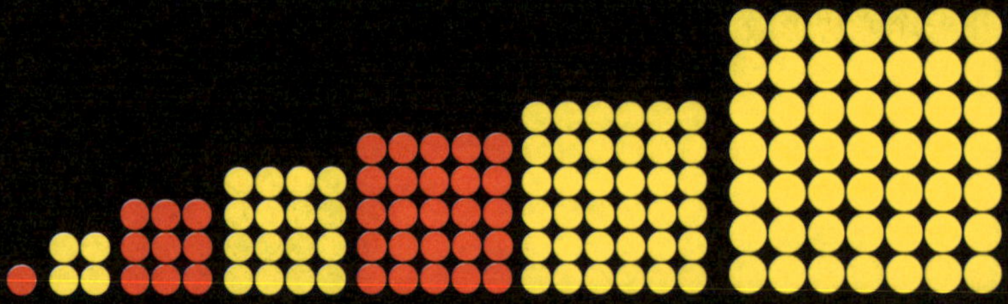

517

难度：●●●●●○○○○○
要求：👁 ✎
完成：☐ 时间：________

奇数正方形

第十一个正方形数可以描绘成11×11的阵列中的121个物体。每个奇数正方形数等于一个三角形数的8倍再加1。你能否指出最后得到121的是哪个三角形数吗？

518

难度：●●●●●●●○○○
要求：👁 📄 ✂
完成：☐ 时间：________

三维图形数字

有与平面图形数字相似的三维物体。可以通过堆积球体成金字塔形来找出；三个面的金字塔给出了四面体数；四个面的金字塔给出金字塔数。

最小的3个四面体数是1，4，10。

最小的3个金字塔数是1，5，14。

看一下两个序列中的差，你能继续给出之后的数吗？

519

难度：●●●●●●●●●●
要求：👁
完成：□ 时间：________

数绵羊

不用计算，你能否直接说出向右移动的绵羊多，还是向左移动的绵羊多？

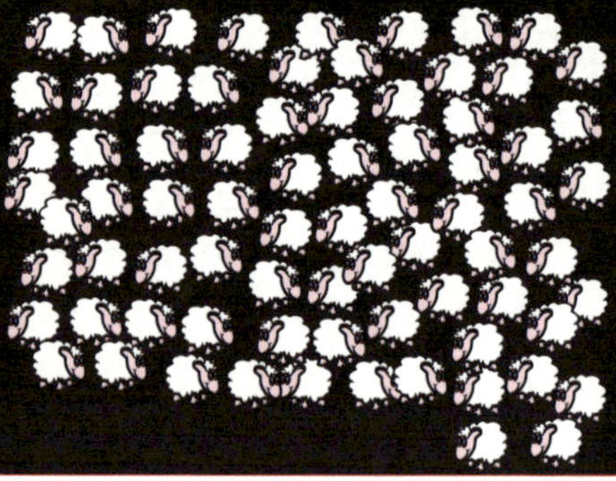

520

难度：●●●●●●●●●●
要求：👁 ✎
完成：□ 时间：________

四十

1 到 40 这 40 个数，试着将其中的每个数字表示成其他数字的和或差。比如，3 可以表示成 1+2，也可以表示成 4-1。

找出 4 个数字，每个数字可以单独使用，也可以与其他 3 个数字组合，来表示 1 到 40 的每个数字。同时，在每个组合中，数字只能出现一次。比如，5+5 是不可以的。在下表中填入不同的组合。

	= 1		= 21
	= 2		= 22
	= 3		= 23
	= 4		= 24
	= 5		= 25
	= 6		= 26
	= 7		= 27
	= 8		= 28
	= 9		= 29
	= 10		= 30
	= 11		= 31
	= 12		= 32
	= 13		= 33
	= 14		= 34
	= 15		= 35
	= 16		= 36
	= 17		= 37
	= 18		= 38
	= 19		= 39
	= 20		= 40

521 难度：●●●●●●●●●● 要求：👁 完成：□ 时间：________

高斯的计算

当德国数学家高斯6岁的时候（这要追溯到1783年），他的小学老师要求学生们将1到100之间所有的自然数加起来。

当其他所有学生都忙于计算时，小高斯仅用了几秒钟就得出了答案。他发现这个数列中存在着一种规律，简单的操作就可得出答案。

你能说出高斯是怎样得出答案的吗？

522

难度：●●●●○○○○○○
要求：
完成：□ 时间：________

和为 15

在这个游戏中，每个玩家选择一种颜色（红色或绿色），然后轮流将一个数字涂上自己的颜色，将和为 15 的三个数字涂上自己颜色的玩家获胜。

你能给出这个游戏的最佳策略吗？

523

难度：●●●○○○○○○○
要求：
完成：□ 时间：________

拉格朗日定理

拉格朗日定理说，每个整数可以由最多 4 个完全平方数的和来表示。可以用图形来说明：这两个矩形，一个由 12 个单位正方形组成，另一个由 15 个单位正方形组成。你能指出这两个矩形是怎样由 4 个更小的正方形组成的吗？

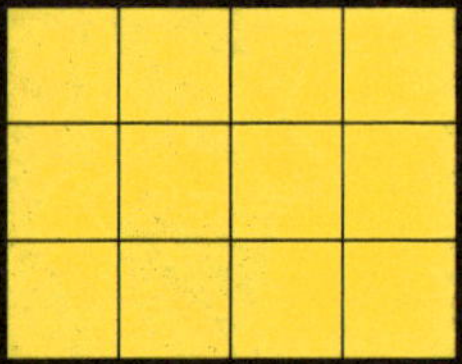

12

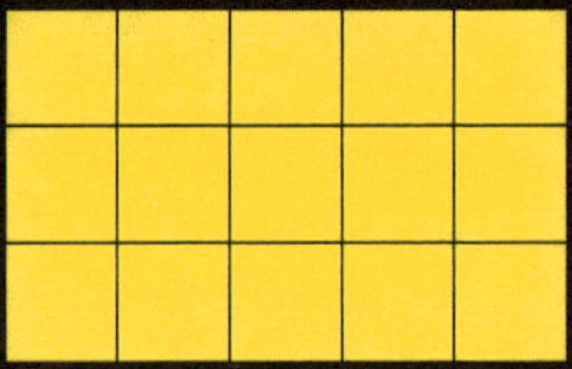

15

524

难度：●●●●●○○○○○
要求：👁 ✎
完成：□ 时间：________

无理数

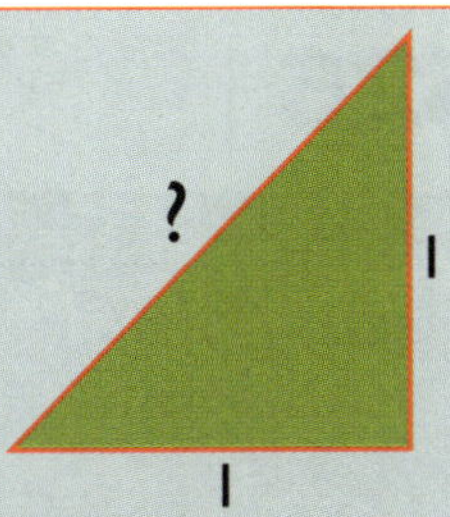

古希腊人相信任何长度或面积都可以表示成两个整数的商。甚至像 1.000390625 这样的数都可以写成分数 2561/2560。这样的分数称为有理数。

以毕达哥拉斯为代表的数学家们专注于研究直角三角形，他们试着去测量最简单的直角三角形的斜边，即等腰直角三角形的斜边长。

你能否给出直角边长为 1 的直角三角形的斜边长？毕达哥拉斯等人是否有可能精确地测出这个长度？

525

难度：●●●○○○○○○○
要求：👁 ✎
完成：□ 时间：________

马的数目

每匹马代表一个数字，从 1 到 5。

你能否连接这 5 匹马，使得连接路径上的算术运算得出最大值？其中一种是 2×3+5÷1-4，最后结果是 7，但并不是最大值。

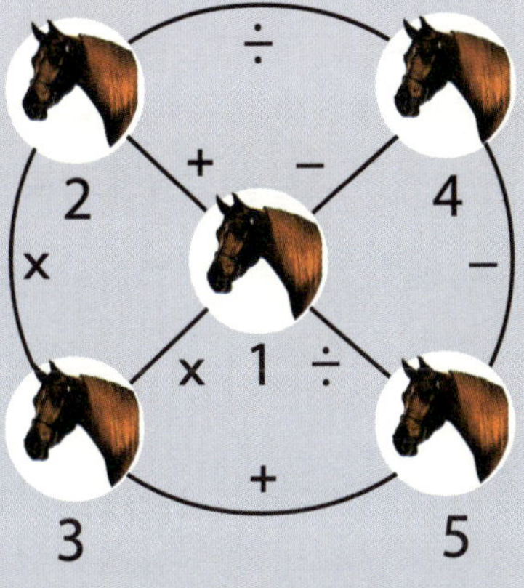

526

难度：●●●●●●●●●●
要求：
完成：□ 时间：________

奇数和

你能找出和为100的5个奇数吗？

那和为100的6个奇数呢？

527

难度：●●●●●●●●●●
要求：
完成：□ 时间：________

捡苹果的人

如果5个捡苹果的人可以在5秒钟内捡起5个苹果，那么一分钟内捡起60个苹果需要多少人呢？

528

难度：●●●●●●●●●●
要求：👁
完成：□ 时间：________

完全数

完全数是指一个数的全部约数（包括1但不包括这个数本身）之和仍然等于该数。最小的完全数是6，它的约数是3、2、1，而它也是1、2、3的和。

迄今为止已经发现了38个完全数。你能说出第二小的完全数是几吗？

1+2+3=6

529

难度：●●●●●●●●●●
要求：👁 ✎
完成：□ 时间：________

堆积的顺序

根据4个简单的规则将这8个方块堆起来。

1. 2个红色方块之间必须有1个方块。

2. 2个蓝色方块之间必须有2个方块。

3. 必须有3个方块将2个绿色方块分开。

4. 必须有4个方块将2个黄色方块分开。

530

难度：●●●●●●○○○○
要求：
完成：□ 时间：________

数字条记忆游戏

这是一个测试你对数字记忆力的游戏。

依次寻找数字 1 到 9。两人轮流翻起一张卡片，如果卡片上的数字与要找的数字一致，那么卡片就属于这个玩家。如果选择的卡片与要找的数字不一致，那么这张卡片就将面朝下放在底端那行的空白圆圈里。

每次一个玩家翻到了一致的数字，他就能再翻一轮，可以从所有面朝下的卡片中寻找下一个数字。找到一致数字最多的玩家获胜。

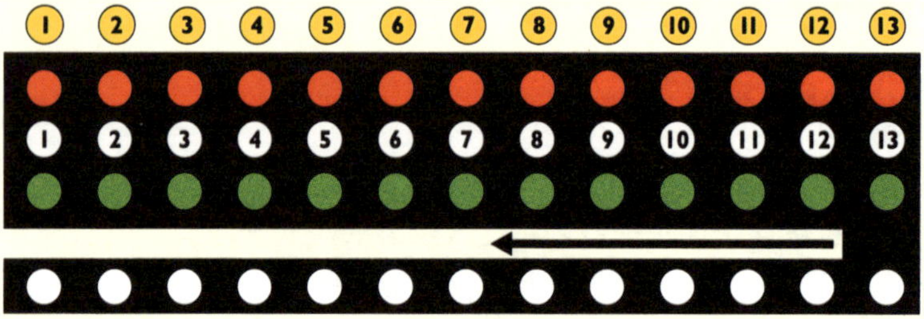

531

难度：●●●●●●●●●●
要求：👁 ✎
完成：□ 时间：________

配对游戏

将1到8这八个数字放到方格里去。每个数字在一行或一列中只能出现一次，而且数字只能放到黄色或绿色的小圈里（红色的小圈必须空着）。同时要求，两个数字配成的一对只能在整个方格中出现一次。比如，1-8在左上顶角用过了，所以无论是1-8还是8-1都不能再用了。

你能否填完整个方格？

532

难度：●●●●●●●●●●
要求：👁
完成：□ 时间：________

递减数列

如图所示，将一个球放在一个斜坡上，让球滚下，并计算它的下降时间。1秒钟之后，记下球的位置。将斜坡剩下的长度划分成球滚过的距离的倍数。

重新让球滚下，每次分别计时2秒、3秒、4秒和5秒，你能否说出每种情况下球能滚多远？

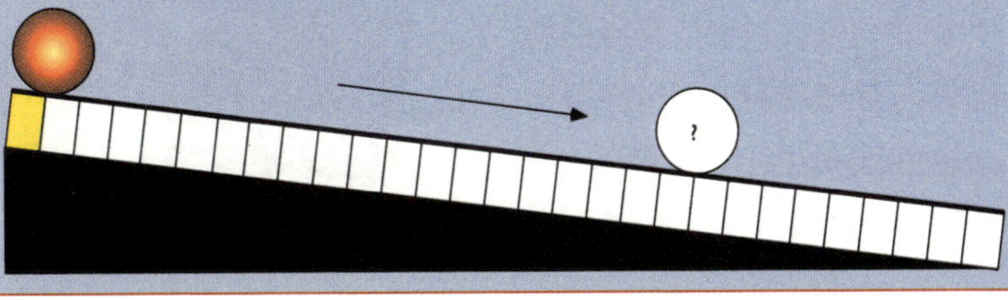

533

难度：●●●●●●●●●●
要求：
完成：□ 时间：________

两数之差的三角形

将一些数字按照规则插入到三角形状的阵列中：1. 每个数字只能出现一次；2. 每个数字必须是它正上方两个数字之差。比如，如果相邻两个数分别是 6 和 4，那么它们下面的数字就一定是 2。

请将三角形分别填上从 1 到 6、1 到 10 和 1 到 15 的数字。

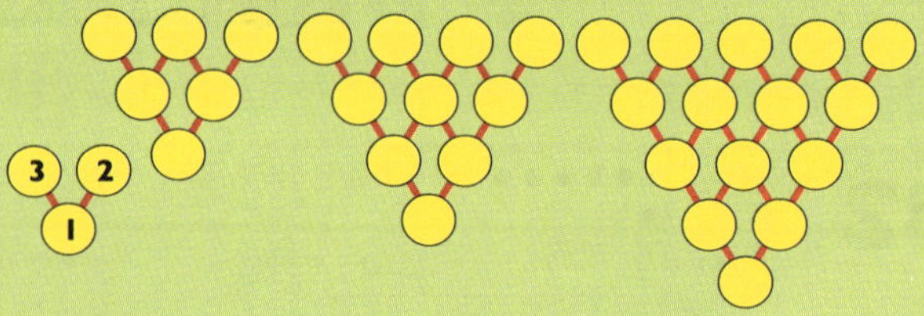

534

难度：●●●●●●●●●●
要求：
完成：□ 时间：________

虫身上的斑点

我的女儿养瓢虫。她养的瓢虫包括 8 只有红斑点的和 1 只没有斑点的。如果她养的瓢虫中 55% 身上有黄色斑点，那么她最少养了几只瓢虫？

535

难度：●●●●●○○○○○
要求：
完成：□ 时间：________

八张牌

交换两张牌的位置，怎样才能使得这两列数字之和相等？

536

难度：●●●●●●○○○○
要求：
完成：□ 时间：________

页数

从一份报纸中抽出一张，发现第 8 页和第 21 页在同一张纸上。根据这个信息，猜猜这份报纸一共有几页？

537

难度：

要求：

完成： 时间：________

数字卡片 1

将数字 1 到 6 填入 4 张卡片的 3 个圆圈中，使任意给定的两张卡片上恰好有一个共同的数字。

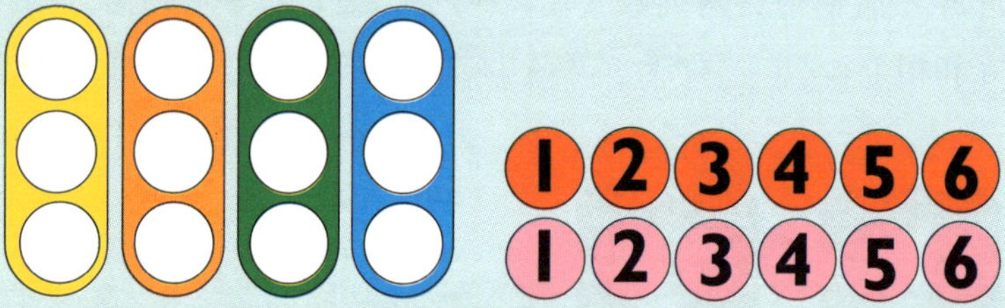

538

难度：

要求：

完成： 时间：________

数字卡片 2

将数字 1 到 10 填入 5 张卡片的 4 个圆圈中，使每个数字仅出现两次，并且任意两张卡片上恰好有一个共同的数字。

539

难度：●●●●○○○○○○
要求：
完成：□ 时间：________

数字卡片 3

将数字 1 到 15 填入 6 张卡片的 5 个圆圈中，使每个数字仅出现两次，并且每两张卡片上恰好有一个共同的数字。

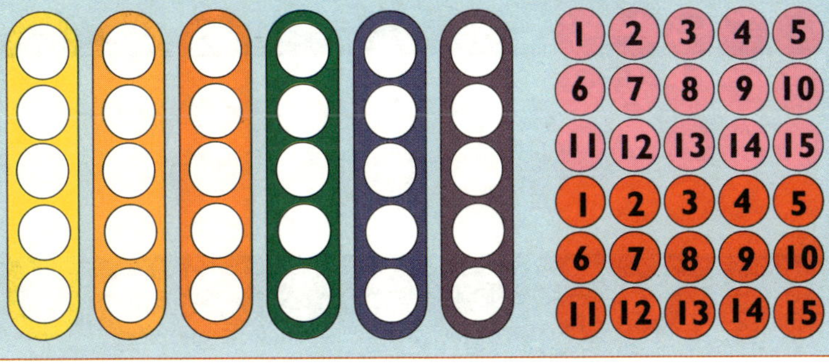

540

难度：●●●●●○○○○○
要求：
完成：□ 时间：________

正方形求和

最小的 9 个数字排列在一个正方形中，如图所示，构成的最上面一行三位数加上第二行的三位数，得到第三行的三位数。

	2	1	8
+	4	3	9
=	6	5	7

541

难度：●●●●●●●●●●●

要求：

完成：☐ 时间：________

组成十位数

0 到 9 可以组成多少个不同的十位数？

1,234,567,890

542

难度：●●●●●●●●●●●

要求：

完成：☐ 时间：________

数字的持续性

723

7x2x3=42

4x2=8

数字的一个特性是它们的持续性。以 723 作为例子：如果将 3 个数字 7、2 和 3 相乘，那么积就是 42；再将 4 和 2 相乘，就得到 8。这个操作用了两步得到一个一位数，因此 723 的持续性是 2。

持续性最小是几？持续性为 2、3 和 4 的数最小是几？

543

难度：●●●●●●●●●●
要求：👁 ✎
完成：□ 时间：________

数字图样

仔细观察这个数字图样。你能否发现构造这个图样的简单规律？用红色线条框出来的地方应该填什么数字？

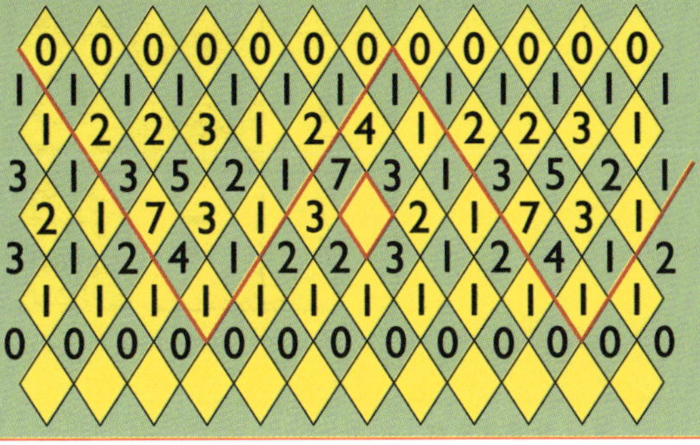

544

难度：●●●●●●●●●●
要求：👁 ✎
完成：□ 时间：________

算术幻方

将 1 到 9 这 9 个数字填到空白中，使每个算术等式都正确。

	+		÷		=	2
+	■	+	■	+	■	+
	×		−		=	2
÷	■	−	■	−	■	+
	+		÷		=	1
=	■	=	■	=	■	=
2	+	0	+	3	=	5

1 2 3 4 5
6 7 8 9

545

难度：●●●●●○○○○○
要求：
完成：□ 时间：________

数字矩阵

观察这个矩阵。“？”处填什么数字？

1	1	1	1
1	3	5	7
1	5	13	25
1	7	25	?

546

难度：●●●●●○○○○○
要求：
完成：□ 时间：________

神奇的数字 4

你能否仅用数字 4 的组合来表示 0 到 10？可以用任何基本数学运算（加法、减法、乘法、除法和括号），也可以用任意多的 4。

547

难度：●●●●●●●●●●
要求：
完成：□ 时间：________

和等于 20

有 11 种不同的方法可以将 20 表示成 8 个奇数之和。你能找出全部的表示方法吗？

	+		+		+		+		+		+		+		=	20
	+		+		+		+		+		+		+		=	20
	+		+		+		+		+		+		+		=	20
	+		+		+		+		+		+		+		=	20
	+		+		+		+		+		+		+		=	20
	+		+		+		+		+		+		+		=	20
	+		+		+		+		+		+		+		=	20
	+		+		+		+		+		+		+		=	20
	+		+		+		+		+		+		+		=	20
	+		+		+		+		+		+		+		=	20
	+		+		+		+		+		+		+		=	20

548

难度：●●●●●●●●●●
要求：
完成：□ 时间：________

打靶练习

要恰好获得 100 分需要几只镖？

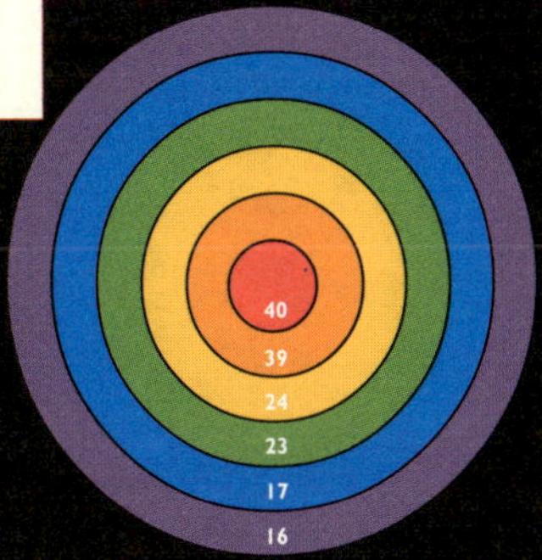

549

难度：●●●●●●○○○○
要求：
完成：□ 时间：________

数字条

你能否重新排列这 7 根数字条的顺序，使得每行包含一个正确的数学算式？含有运算符的条在必要时可以倒过来使用。

13	5	2	16	÷	+	−
10	15	3	2	+	÷	x
4	7	14	11	=	=	+
6	8	9	12	=	x	=

550

难度：●●●●●●○○○○
要求：
完成：□ 时间：________

全部加起来

下面两个加法都由数字 1 到 9 组成。你能说出哪个的和更大吗？

```
  987654321        123456789
 + 87654321       +12345678
 +  7654321       +1234567
 +   654321       +123456
 +    54321       +12345
 +     4321       +1234
 +      321       +123
 +       21       +12
 +        1       +1
```

551

难度：●●●●○○○○○○
要求：
完成：□ 时间：________

菲波那契数列

这个序列是著名的菲波那契数列的开头部分。13 世纪，意大利数学家菲波那契发现了菲波那契数列。大自然中到处都存在这个数列，雏菊、向日葵以及鹦鹉螺的生长模式都遵循由该数列描绘的曲线。观察这个数列，你能在“？”处填入下一个数字吗？

552

难度：●●●●●●○○○○
要求：
完成：□ 时间：________

非连续数字

多少个两位数的十位数和个位数是不连续的？

10, 11, 13, 14, . . .

553

难度：●●●●●●○○○○
要求：
完成：□ 时间：________

等式成立

下面的数字是一个等式中的一部分，该等式中所有的加号和减号都被擦去了。而且，其中两个数字实际上是一个两位数的个位和十位。请将等式补充完整。

1 2 3 4 5 6 7 8 9=100

554

难度：●●●●●●○○○○
要求：
完成：□ 时间：________

除法

能被1、2、3、4、5、6、7、8和9整除的数最小是几？

555

难度：●●●●●●●●●●
要求：👁 ✎
完成：☐ 时间：________

巧妙数列

诺布·芦原伸之发现了这个美妙的数列。

你能否找出这个数列背后的规律，并填上未给出的数？

556

难度：●●●●●●●●●●
要求：👁 ✎
完成：☐ 时间：________

数列 1

观察这个数列。请找出规律，并填入下一个数。

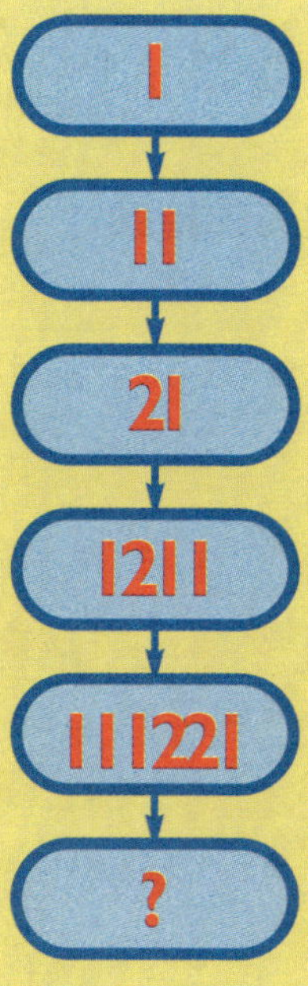

557

难度：●●●●●●●●●●
要求：
完成：□ 时间：________

数列 2

请找出这个数列的规律，并填入下一个数。

2 → 4 → 7 → 11 → 16 → ?

558

难度：●●●●●●●●●●
要求：
完成：□ 时间：________

数列的持续性

观察这个数列。请找出规律并填入下一个数。

77 → 49 → 36 → 18 → ?

559 难度：●●●●●●●●●● 要求：👁 完成：□ 时间：________

生日蜡烛

自我出生后，每年的生日我都会有一个蛋糕，上面插着等于我年龄数的蜡烛。迄今为止我已经吹灭210根蜡烛了。我今年几岁？

560 难度：●●●●●●●●●● 要求：👁 ✏ 完成：□ 时间：________

蜂窝里的数

蜂窝里4个丢失了的数是几？

561

难度：●●●●●●●●●●
要求：👁 ✎
完成：☐ 时间：________

年龄的差别

我有一个朋友，早在45年前他儿子还很小时，他就已经成为一个职业魔术师。最近他告诉我，他的年龄的个位和十位交换一下便是他儿子的年龄。如果他比他儿子大27岁，那么他们现在分别是几岁？

562

难度：●●●●●●●●●●
要求：👁
完成：☐ 时间：________

聪明的时间

数字钟有一个编程上的错误，结果在实际时间是9：50时显示如下的图样。你能否将这个减号移到某个位置，使时钟显示正确的时间？

563

难度：●●●●●●○○○○
要求：
完成：□ 时间：________

消失的数

将数字 1 ～ 9 不重复地填入空白处，使数学等式成立。

$$\begin{array}{r} \square\square \\ \times\quad \square \\ \hline \end{array}$$

$$= \square\square + \square\square = \square\square$$

564

难度：●●●○○○○○○○
要求：
完成：□ 时间：________

一个数

什么数分别加到 170 和 30 上，可以使得两个和的比为 3 ：1？

$$\begin{array}{r} 170 \\ +X \\ \hline Y \end{array} \qquad \begin{array}{r} 30 \\ +X \\ \hline Z \end{array}$$

$$\frac{Y}{Z} = \frac{3}{1} \qquad X=?$$

565

难度：●●●●●●○○○○
要求：👁
完成：☐ 时间：________

正确的等式

你能否移动一位数到一个新的位置，使下面的等式成立？不允许移动运算符。

$$62-63=1$$

566

难度：●●●○○○○○○○
要求：👁 ✎
完成：☐ 时间：________

拼图

一套拼图有 100 片，拼出完整拼图最少需要多少步？

567

难度：●●●●●●●●○○
要求：👁 ✎
完成：☐ 时间：________

红黄填数

3	3	3
3		3
3	3	3

将数字 0 到 9 放到方格外围的 8 个正方形中。每个红色正方形上的数字相同，每个黄色正方形上的数字也要相同，每条边上数字之和等于 9。除了图中给出的，你还能找出几种解法？

568

难度：●●●●●●●●●●
要求：
完成：□ 时间：________

分红酒

桌子上有 14 个酒杯：7 个是满的，7 个是半满的。不改变酒杯中酒的量，将这些酒杯分成 3 组，使每组的酒相同。

569

难度：●●●●●●●●●●
要求：
完成：□ 时间：________

淘汰赛

58 支球队参加淘汰制足球锦标赛，必须安排多少场比赛？

570

难度：●●○○○○○○○○
要求：👁
完成：□ 时间：________

紫色和红色的花

一个花园里正好有 40 朵花，有红色也有紫色。无论你摘下哪两朵花，都至少有一朵是紫色的。你知道有几朵红色的花吗？

571

难度：●●○○○○○○○○
要求：👁
完成：□ 时间：________

紫色、红色和黄色的花

花园里有紫色、红色和黄色的花。无论你摘下哪三朵花，都至少有一朵是红色的，一朵是紫色的。你知道花园里有几朵花吗？

572

难度：●●●●●●○○○○
要求：👁 ✎
完成：☐ 时间：________

越狱

一个监狱看守人看守一个两层的监狱，每层监狱有 8 间牢房。他根据以下规则关犯人：

1. 楼上的犯人数必须总是楼下犯人数的 2 倍；

2. 每间牢房必须关着犯人；

3. 沿着外墙的 6 间牢房（在顶楼和底楼的平面图中用红色粗线表示）必须总是关有正好 11 名犯人。

一天晚上，有 9 名犯人越狱了。但第二天早晨，当看守人巡视时，所有牢房都根据他的规则关着犯人。你能否说出，一开始有多少位犯人，他们又是怎样重新安排每间牢房来掩饰 9 名犯人越狱的？

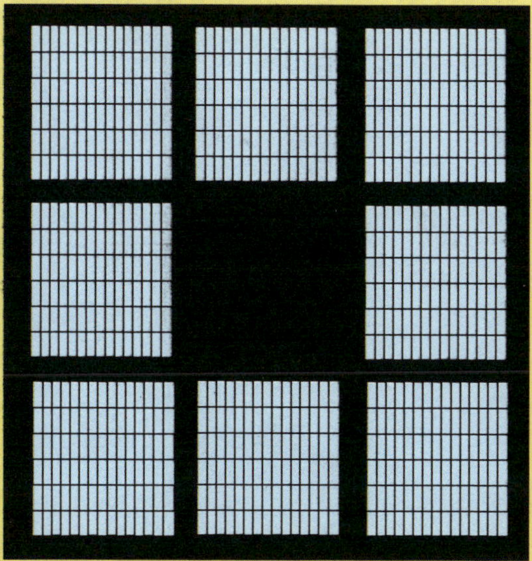

573

难度：●●○○○○○○○○
要求：👁 ✎
完成：□ 时间：________

数动物

我去过动物园，看到了骆驼和鸸鹋。如果我总共看到了35个头和94只脚，那么我看到了几只骆驼和几只鸸鹋？

574

难度：●●●○○○○○○○
要求：👁 ✎
完成：□ 时间：________

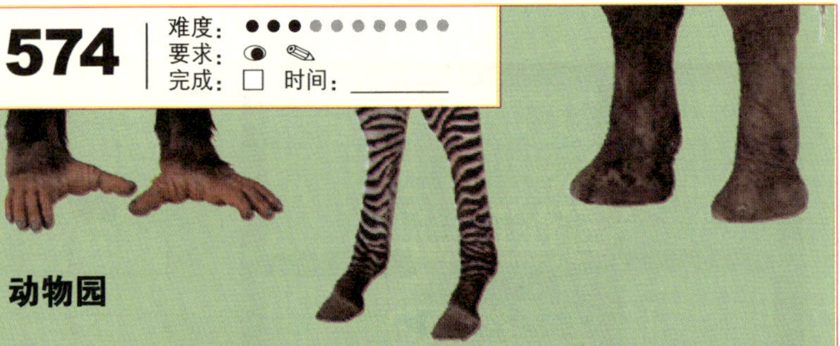

动物园

在另一次去动物园时，我看到了36个头和100只脚。你能否说出我见到了几只鸟和几只四足动物？

575 难度：●●●●●●●○○○ 要求：👁 ✎ 完成：□ 时间：________

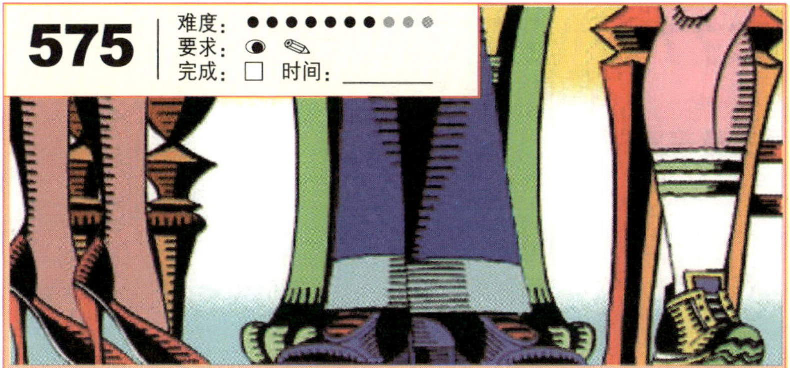

两条腿、三条腿、四条腿

在图书馆的阅览室里，有几张 3 条腿的凳子和 4 条腿的椅子，并且它们都有人坐。如果阅览室里有 39 条腿，那么你知道有几张凳子、几张椅子和几个人吗？

576 难度：●●●○○○○○○○ 要求：👁 ✎ 完成：□ 时间：________

许多小狗

一位女士养了 10 只母狗，每只母狗都至少有一只狗崽，但又都没超过 10 只。至少有两只狗有相同数目的狗崽，这种说法正确吗？

577

难度：●●●●●●●●●●
要求：👁 ✎
完成：□ 时间：______

三位来宾

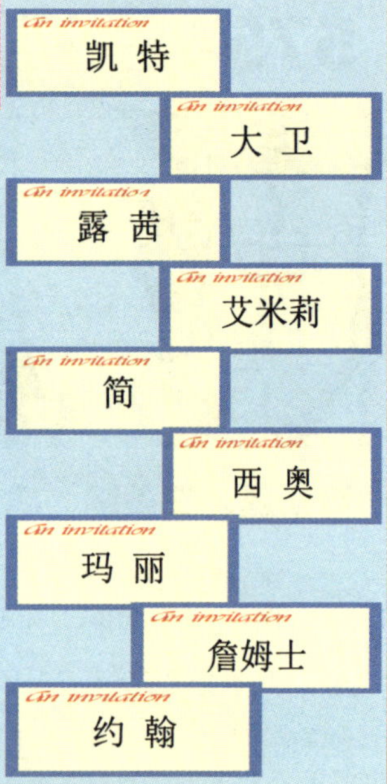

你想请9个朋友吃晚饭，每次请3个人，分12次请。这9个朋友互相都不认识，怎样安排才能使得朋友们在你家吃晚饭时两两之间仅碰过一次面？

578

难度：●●●●●●●●●●
要求：👁 ✎
完成：□ 时间：______

猫的九条命

下面是来自古埃及的一个问题。

一个猫妈妈已经度过了她9条命中的7条。她的孩子中，一些已经度过了6条，另一些则只度过了4条。

猫妈妈和她的小猫总共还剩下25条命。

有几只猫？

579

难度：●●●●●●●●●●
要求：👁 ✎
完成：☐ 时间：________

标数器

在给一本书中的每页标页数的过程中，一个机械标数器印了 2929 个单个数字。这本书有几页？

580

难度：●●●●●●●●●●
要求：👁 ✎
完成：☐ 时间：________

最小长度的圆 1

圆的周长被分成 7 等分。在圆周上放 3 个点，用其中两点间的弧长可以表示 1 ～ 7 的 7 个数字。如何放这 3 个点？

581

难度：●●●●●●●●●●
要求：👁 ✎
完成：☐ 时间：________

最小长度的圆 2

这个圆的圆周被分成 13 等分。在圆周上放 4 个点，用其中两点间的弧长可以表示 1 ～ 13 的 13 个数字。这 4 个点怎么放？

582

难度：
要求：
完成：□ 时间：________

最小长度的圆 3

这个圆的圆周被分成 21 等分。在圆周上放 5 个点，用其中两点间的弧长可以表示 1 ~ 21 的 21 个数字。这 5 个点怎么放？

583

难度：
要求：
完成：□ 时间：________

填数游戏

两个玩家轮流在 5×5 的格板上填数。第一个玩家可能在方格中任何地方填入 1。接下去的数字必须填在上一个数字的同一行或同一列上，但新填的数字与之前填的数字之间必须有清楚的“视线”。

无论谁填最后一个数字，他就获得该数字的得分。直到一方达到 100 分，游戏结束。

下面给出了一个 18 分的游戏样板。

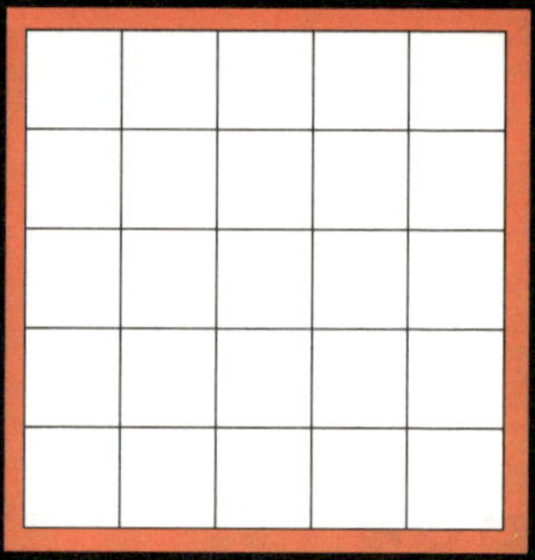

3	8	5		4
2		14	15	1
12		13	16	11
	9	18	17	10
	7	6		

584

难度：●●●●●●●●○○
要求：👁 ✎
完成：☐ 时间：________

牢房的步行

每天用不同的方式用手铐把 9 名犯人分成 3 组。在 6 天中，没有两个犯人铐在一起超过一次，可以怎样铐这些犯人？

585

难度：●●●●●●●○○○
要求：👁
完成：☐ 时间：________

杰克尔和海德

16 个硬币随机分布在一块 4×4 的游戏板上。硬币的一面是杰克尔，另一面是海德。

翻转硬币，直到所有的硬币都是杰克尔或都是海德。翻转规则：每轮必须同时翻转一行、一列或对角线中所有的硬币。

下面给出了两个随机的开始样式。是否每个开始样式都会最终变成全部是杰克尔或者全部是海德？

586

难度：●●●●●●●●●●
要求：👁 ✎
完成：□ 时间：________

最小长度的尺

尺的顶端有4个标记，可以用这些标记来测量从1到6的整数单位的距离。在下面的尺上放5个标记，使它可以测量从1到11个单位之间的10个整数距离。

587

难度：●●●●●●●●●●
要求：👁 ✎
完成：□ 时间：________

瓢虫家族

瓢虫家族中的1/5飞到有黄玫瑰的花园去了，家族中的1/3飞到有紫罗兰的花园去了，还有一群飞到了红玫瑰花园，它们的数量是前两批瓢虫数量差的3倍。而瓢虫妈妈去了河边洗衣服。这个瓢虫家族中有多少只瓢虫？

588

难度：●●●●●●○○○○
要求：
完成：□ 时间：________

装铰链的尺 1

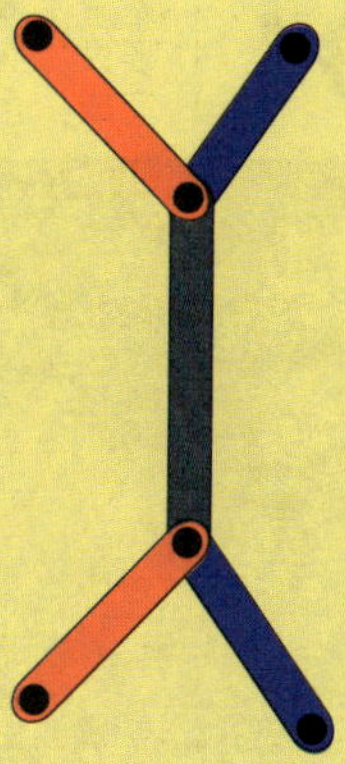

5 把没有标记的尺用铰链连在两点，如图所示。每把尺要有多长，才能使用一把或几把组合测量从 1 到 15 个单位的整数距离？

589

难度：●●●●●●○○○○
要求：
完成：□ 时间：________

装铰链的尺 2

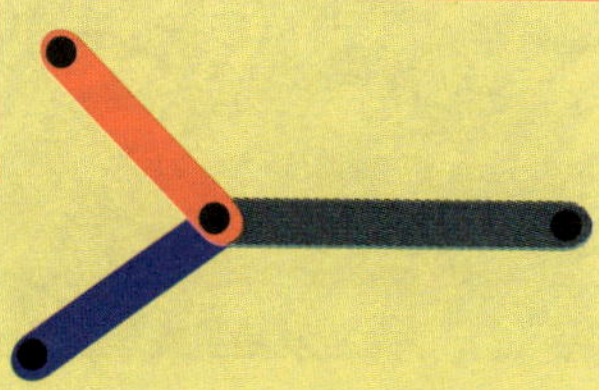

3 把没有标记的尺用铰链连在一点上，如图所示。3 把尺要有多长，才能使用单把或几把组合测量从 1 到 8 个单位的整数距离？

不行吗？试试用一把尺沿另一把反方向折叠的测量。

590

难度：●○○○○○○○○○
要求：
完成：□ 时间：________

增长和大小

如果明天早上醒来，你发现自己在每个方向上都大了一倍，高了一倍，胖了一倍，厚了一倍。那时你将多重？假设骨骼和肌肉的密度保持不变。

591

难度：●●●●●●●●●●
要求：👁
完成：☐ 时间：________

级数 1

观察这个几何级数。你能否说出作为外面正方形一部分的红色三角形的全部面积之和？

592

难度：●●●●●●●●●●
要求：👁 ✎
完成：☐ 时间：________

级数 2

正方形中红色部分面积是多少？

593

难度：●●●●●●●●●●
要求：👁 ✎
完成：☐ 时间：________

升序与降序 1

将这9根带子排成一行，其中4根不能按升序或降序排列。

升序或降序的带子不一定是相邻的。比如，7、5、8、1、9、4、6、2、3就不可以，尽管有其他数字在它们中间，但7、5、4、2成降序排列。

你能找出一个遵循这个规则的序列吗？

594

难度：●●●●●●●●●●
要求：👁 ✎
完成：☐ 时间：________

升序与降序 2

将这10根长度不同的带子排成一行，其中4根不能按升序排列或降序排列。4根带子不一定要相邻才算一个序列。比如，在序列1、2、8、0、3、6、9、4、5、7中，1、2、8、9就是一个升序排列，尽管8和9不相邻。

你能找出一个这样的序列吗？

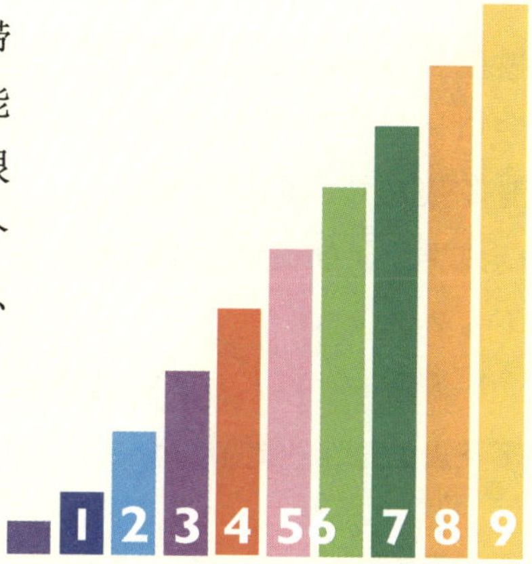

595

难度：●●○○○○○○○○

要求：

完成：□ 时间：________

变形虫的分裂

烧杯中的单只变形虫可以在 1 分钟内分裂成 2 只。再过 1 分钟，2 只变形虫再分别分裂，变成 4 只。40 分钟之后，烧杯就满了。

变形虫需要多少时间就能长满烧杯的一半呢？

596

难度：●●●●●○○○○○

要求：

完成：□ 时间：________

格子自动化

方格 1 中的正方形随机分配为红色和黑色。之后的每个方格中，每个正方形的颜色由它上一个方格中邻居的颜色决定。比如，如果一个黑色正方形周围多数是黑色正方形，那么它就会由黑色变为红色；周围多数是红色的话，就变成黑色（如果一样多，颜色保持不变）。

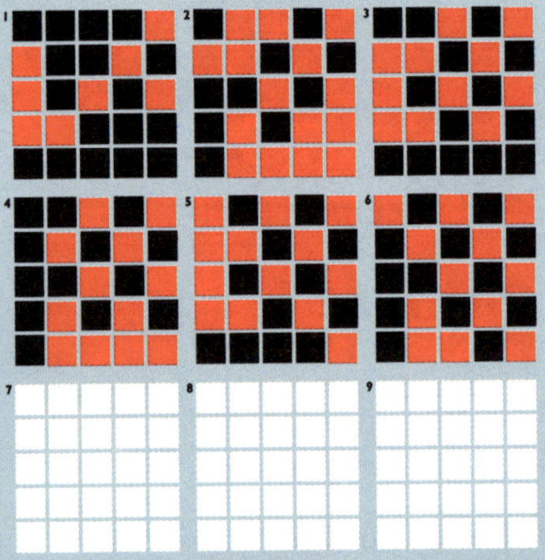

方格 6 已经给出了，你能填出接下去的三个吗？

597

难度：●●●●●●●●●●
要求：
完成：□ 时间：________

二维自生装置

在方格 1 中有 5 个红色格子，每个后继的方格都会有根据一个简单的规则加减产生新的格子：如果与格子水平或垂直相邻的红色格子数目是偶数，那么新产生的格子是白色的；如果相邻的红色格子数目是奇数，那么新产生的格子是红色的。

请完成后面 4 个方格。

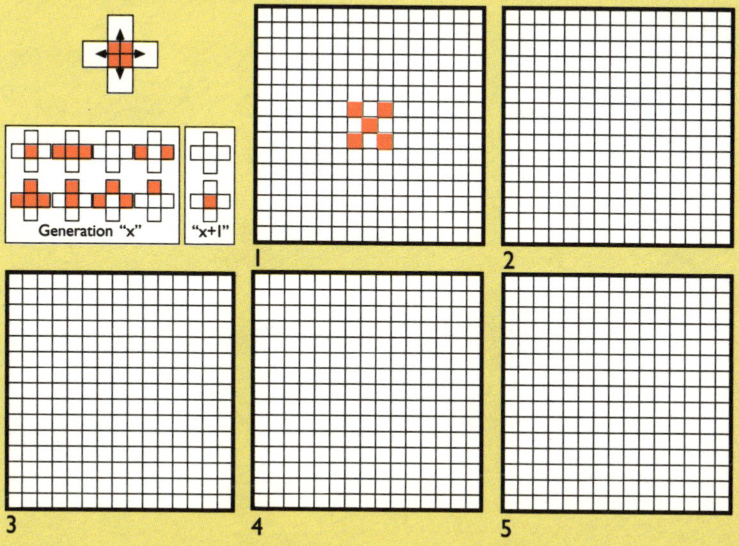

598

难度：●●●●●●●●●●
要求：
完成：□ 时间：________

增长三角形

如图所示，以方格中心的一个三角形开始，按照一个简单的规则每次加一个三角形：每个新的三角形仅接触一条以前三角形的边。每组三角形用一种颜色填充，可以循环使用。

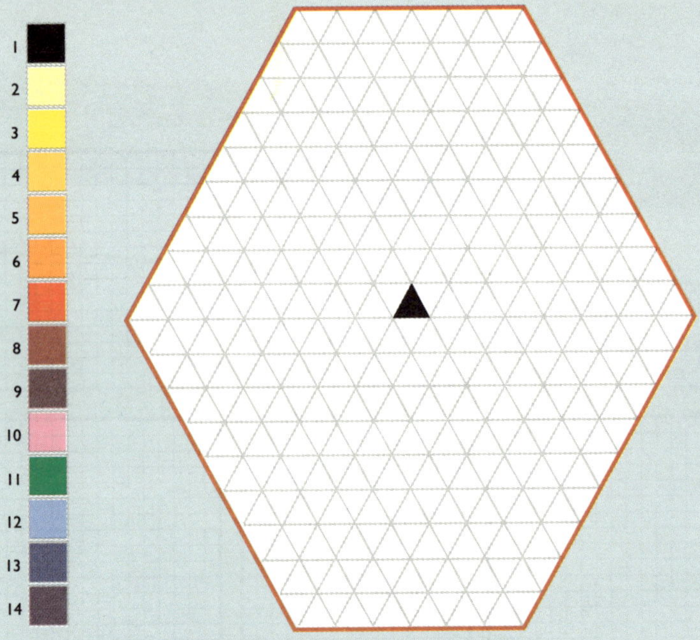

599 难度：●●●●●●●●●● 要求：完成：☐ 时间：________

增长正方形

方格中央有一个暗色的正方形，按照一个简单的规则每次加一个正方形：每个新的正方形仅接触一个以前的正方形的边。

每组正方形用一种颜色填充，可以循环使用颜色。

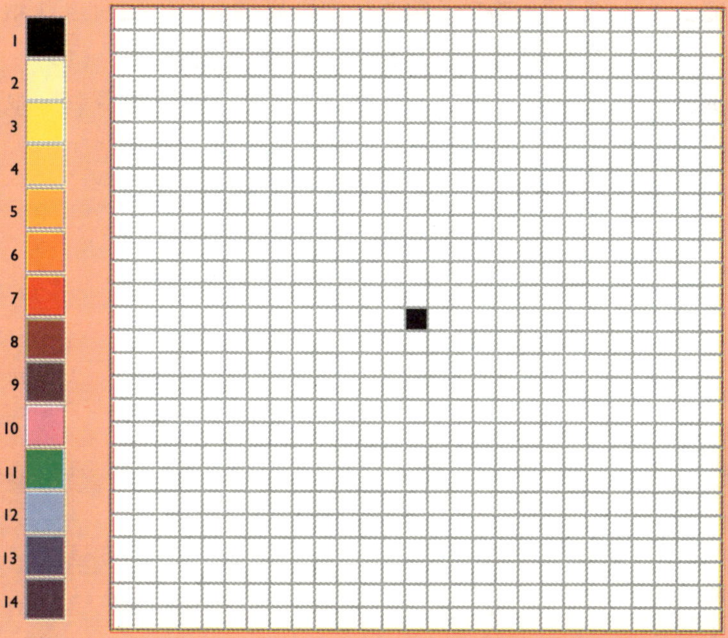

600

难度：●●●●●●●●●●
要求：👁 ✎
完成：☐ 时间：________

瓢虫步行

有五只瓢虫沿着下面描述的回路走。它们之中哪只可以回到起点？

瓢虫1从黄色的点开始，向上爬1个单位，然后向右转。爬2个单位，再向右转。爬3个单位，依次类推，直到爬5个单位。5个单位之后，向右转然后再从1个单位爬起。

瓢虫2与瓢虫1一样，但它是爬到6个单位后再开始从1个单位爬起。

瓢虫3与上面一样，但它是爬到7个单位后再开始从1个单位爬起。

瓢虫4与上面一样，但它是爬到8个单位后再开始从1个单位爬起。

瓢虫5与上面一样，但它是爬到9个单位后再开始从1个单位爬起。

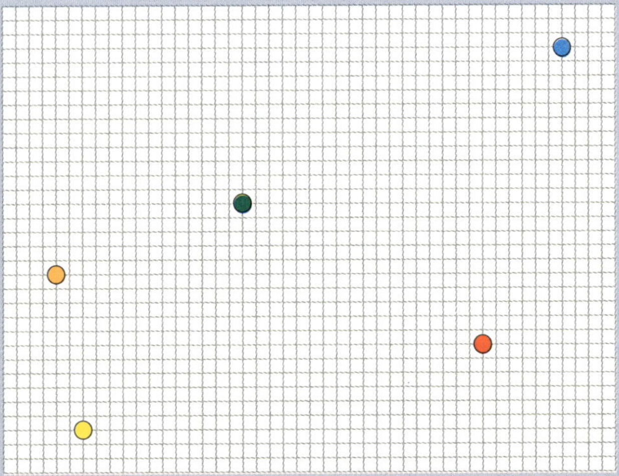

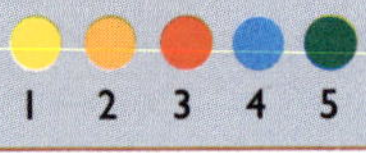

601

难度：●●●●●●●●●●
要求：👁 ✎
完成：□ 时间：________

高利冈边界

从方格中的黄点出发，挑一个方向并走一格，左转或右转，再走两格；再左转或右转，再走三格。如此一直继续，每次多走一格。如果经过一系列转弯之后你又回到了出发点，那么你所走过的路径就是一个高利冈边界。

最简单的高利冈有8条边，意味着它可以用8条线段画出来。你能找出它吗？

602

难度：●●●●●●●●●●

要求：

完成：□ 时间：________

翻倍之间的质数

你是否总能在任意一个数（不包括 1）和它的 2 倍之间找出一个质数？

45678

603

难度：●●●●●●●●●●

要求：

完成：□ 时间：________

找质数

所有数字 1 到 9 都出现的九位数总共有 9! 种，即 362880 种可能。下面这个数就是一个明显的例子。在这 362880 个数字中，你能否说出有几个是质数（只能被 1 和本身整除）？

123,456,789

604 难度：●●●●●●●●●●● 要求：👁 ✎ 完成：☐ 时间：________

雪花曲线

这幅图底部的红色图形显示了著名的雪花图案最早的四个阶段。当无限制地发展下去时，你能否算出它的周长的极限，以及它最终围成的面积？

605

难度：●●●●●●●●●●
要求：👁 ✎
完成：□ 时间：________

无穷和极限

每张图的高度是镶嵌它的图的一半。如果这个图样一直持续下去，将会有无穷多幅图片。如果将它们一张叠在另一张上面，那么这个图片堆将有多高？

606

难度：●●●●●●●●●●
要求：👁 ✎
完成：□ 时间：________

亲合数对

观察220和284这两个数，你能否说出它们之间隐藏的关系？

607

难度：●●●●●●●●●●
要求：
完成：□ 时间：________

分解质因数

自然数有合数也有质数，质数就好比是构成合数的成分。你能将 420 分解质因数吗？

420

608

难度：●●●●●●●●●●
要求：
完成：□ 时间：________

跳舞的圆圈

安妮和她的朋友们在一个圆圈里跳舞，而且每个跳舞的人都与两个性别相同的人相邻。

如果圆圈里有 12 个男孩，那么有几个女孩呢？

609 难度：●●●●●●●●●● 要求：👁 ✎ 📄 ✂ 完成：☐ 时间：________

巴比伦游戏

这个游戏是经典汉诺塔的变版。你可以在不同的难度等级和规则下玩这个游戏。

开始时，在左手边的栏中有一堆圆盘，如图所示。游戏目标是将圆盘移到右手边的栏中，同时保持数字顺序一致。

基本规则是，数字大的圆盘不可以放在数字小的圆盘上面。一次搬一个，直到把圆盘按顺序搬到右手这栏。

游戏 1、2、3 和 4（见左下第一幅图），找出搬 2 个、3 个、4 个和 5 个圆盘到右手这一栏所需的最少步数。

游戏 5（下面第二幅图），找出搬 4 个圆盘的最少步数，搬动时另外还得遵守一个规则：圆盘不可以放在另一个同样颜色圆盘的上面。这意味着圆盘 1 不可以放在圆盘 4 上面。

游戏 6（下面第三幅图），找出搬 4 个圆盘的最少步数，搬动时另外还得遵守一个规则：圆盘不可以放在另一个同样颜色圆盘的上面。这意味着圆盘 1 不可以放在圆盘 3 上面，而圆盘 2 不可以放在圆盘 4 上。

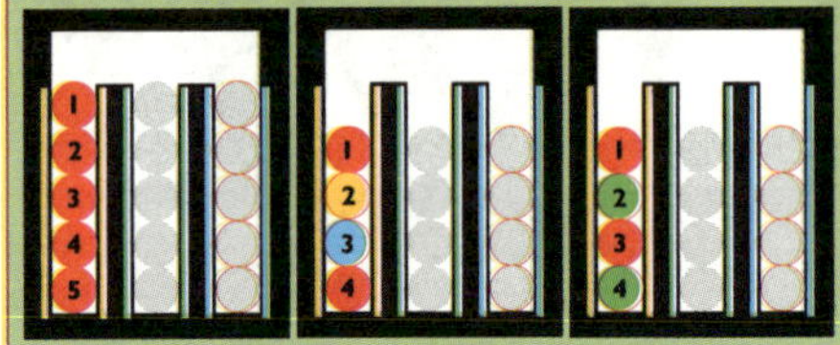

Puzzles 1 to 4　　Puzzle 5　　Puzzle 6

610 难度：●●●●●●●●●●● 要求：👁 ✎ 完成：□ 时间：________

高度合数

合数是两个或两个以上的质数的乘积。而“高度合数”是指该数的约数数量比小于它的数的约数多。比如，12就是一个高度合数，因为没有一个比12小的自然数有6个约数。12的约数是1、2、3、4、6和12。

下一个高度合数是几？这个数得有8个约数。

611 难度：●●●●●●●●●●● 要求：👁 ✎ 完成：□ 时间：________

加和乘

哪3个数的和与积一样？

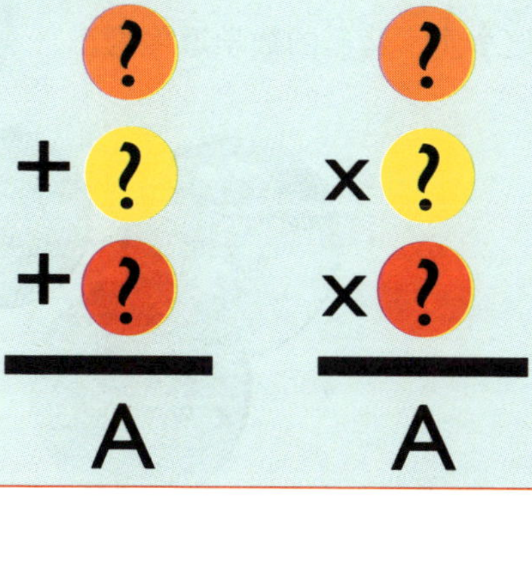

612

难度：●●●●●●●●●●
要求：👁 ✎
完成：□ 时间：________

二进制算盘

因为计算机本质上只是一堆电路开关的集合，二进制系统就成为信息时代的语言。二进制符号仅用了1和0，也可以表示任何整数。这里给出的算盘可以计算二进制的算法。你能用它表示53吗？表示出63呢？

613

难度：●●●●●●●●●●
要求：👁 ✎
完成：□ 时间：________

魔术硬币

硬币魔术实际上是数学中的奇偶概念的一个例子。

让某个人在桌子上掷一把硬币，你快速看一下结果，然后转过身去，让这个人随机将几对硬币翻个面，然后让他再遮住一枚硬币。

当你转回身来，可以立刻说出被遮住的硬币是正面还是反面。

你能说出这个魔术背后的数学道理吗？

614 | 难度：●●●●●●●●●●
要求：👁 ✎
完成：□ 时间：________

二进制方格

上面的 4 个方格中隐藏了一条重要信息。你能否用右边的线索和其他信息来找出隐藏的信息？

（图注：SAPMLE MESSAGE：样本信息）

13	A	B	P	O
4	Y	G	T	H
9	A	K	S	E
6	G	A	B	R

5	L	E	A	N
10	A	I	C	N
6	I	H	E	S
10	U	E	C	A

10	A	T	O	F
11	O	N	A	B
4	E	C	D	U
10	F	I	B	O

13	M	I	U	D
4	A	E	N	D
4	C	U	A	T
11	V	N	J	K

SAMPLE MESSAGE

6	B			I
13			N	
10		A		R
11		Y		

0	0	0	0	0
1	0	0	0	1
2	0	0	1	0
3	0	0	1	1
4	0	1	0	0
5	0	1	0	1
6	0	1	1	0
7	0	1	1	1
8	1	0	0	0
9	1	0	0	1
10	1	0	1	0
11	1	0	1	1
12	1	1	0	0
13	1	1	0	1
14	1	1	1	0
15	1	1	1	1

615

难度：●●●●●●●●●●
要求：👁 ✏ 📄 ✂
完成：☐ 时间：________

二进制位

如果有一个正方形要着色，而有两种颜色可供选择，那么非常容易就能算出你有几种选择。对于两个正方形和两种颜色，有4种可能性。

那么三个正方形有几种可能？2×2的正方形又有几种可能？

如果你给2×2的正方形正确地着了色，那你就获得了下个问题的游戏卡片。

616

难度：●●○○○○○○○○
要求：
完成：□ 时间：________

颜色匹配游戏 1

有许多种方法可以将 16 个小方块放到一个 4×4 的大方格中。用前一个问题中得到的卡片覆盖这块板，规则是多米诺原理相邻的边颜色相同。你能找出几种不同的解法？

617

难度：●●●●●●●●●●
要求：👁 ✏
完成：☐ 时间：________

六边形位 1

沿六边形的顶点画线将它分开，用两种颜色交替为这些区域涂上色，如图所示。这样就可以创造出 19 种不同的图案。这里已经给出了 17 种，你能画出剩下的 2 种吗？

618

难度：●●●●●●●●●●
要求：👁 ✏
完成：☐ 时间：________

六边形位 2

如果将一个六边形分成 6 个楔形，并用两种颜色来为楔形着色，那么就可以获得 14 种不同的图案。

这里给出了 13 种，你能画出未给出的那个吗？

619

难度：●●●●●●●●●●
要求：👁 ✎
完成：□ 时间：________

颜色匹配游戏 2

下面给出了颜色匹配游戏的 50 种解法，同时给出了它们相反颜色的情况。第一行的卡片标着数字 1 到 10，第二行标着 11 到 20，依次类推。卡片 1 和卡片 100 是颜色相反的一对。

你能配好全部 50 对吗？

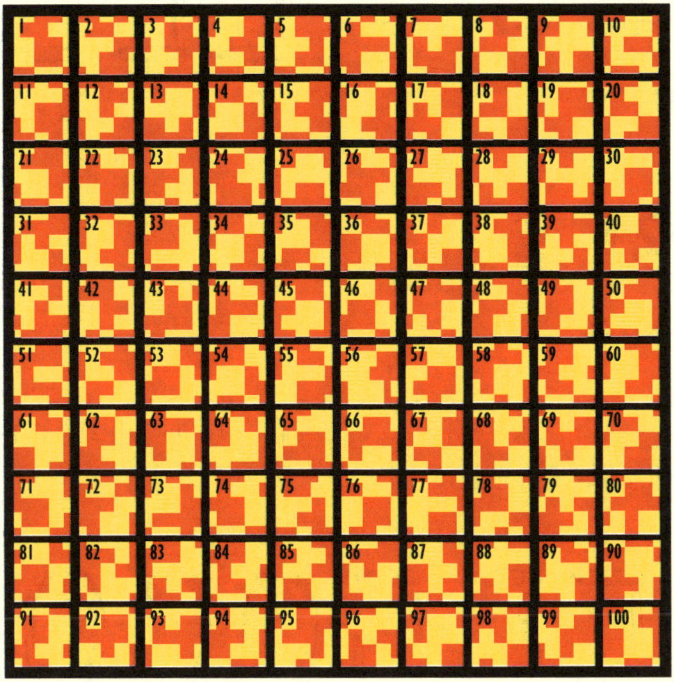

620

难度：●●●●●●●●●●
要求：◉
完成：□ 时间：________

3 个杯子

如左图所示，在桌子上放 3 个杯子。要让 3 个杯子全部口朝下放着，只能翻 3 次，每次同时翻 2 个杯子。你能做到吗？

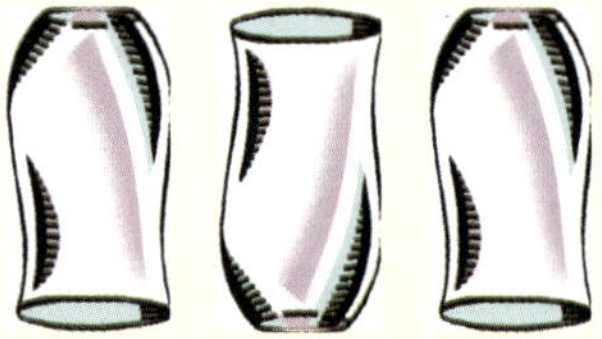

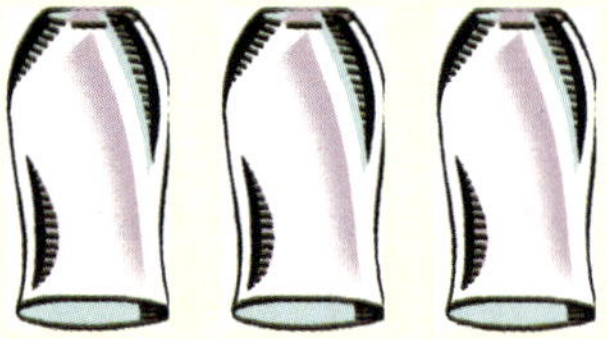

621

难度：●●●●●●●●●●
要求：◉
完成：□ 时间：________

6 个杯子

在桌子上放 6 只杯子，如图所示。每次同时翻 2 个杯子，最终能使所有杯子的口朝上？或口朝下吗？

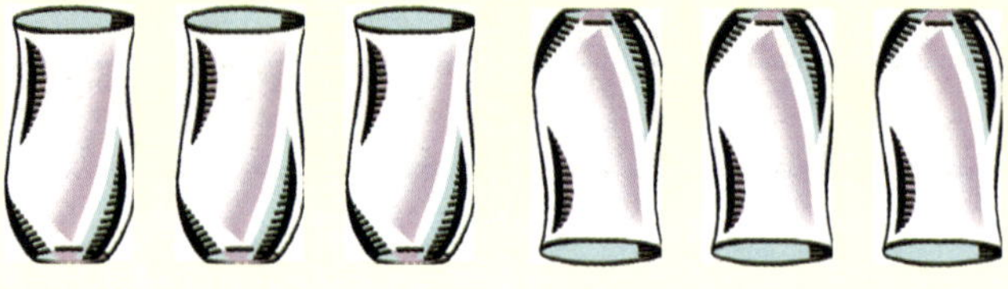

622 难度：●●●●●●●●●● 要求：👁 完成：☐ 时间：________

警察抓小偷

在这个游戏里，警察（绿色的点）在抓小偷（红色的点）。他们交替着移动，从一个圆圈到相邻的圆圈。如果警察移动时把绿点放到红点上，那么他就抓住了小偷。警察能否在十步之内抓住小偷？

623 | 难度：●●●●●●●●●● 要求：👁 完成：☐ 时间：________

六边形配对

这里有 12 对相同的六边形。哪个六边形是配不成对的？

624 难度：●●●●●●●●●● 要求：👁 完成：☐ 时间：________

扑克筹码图案

桌子上由16个筹码构成一个交替的图案，如图所示。

仅可以移动两个筹码到新的位置，能否使图案每一行的颜色都相同？

625 难度：●●●●●●●●●● 要求：👁 完成：☐ 时间：________

齿轮链

9个齿轮啮合成一个闭环状，如图所示。红色的齿轮应该如何旋转，才能使绿色的齿轮顺时针旋转？

626

难度：●●●●●●●●●●
要求：👁
完成：☐ 时间：________

阁楼里的灯

一楼的3个开关可以对应地打开阁楼里的三盏灯。只有一次机会去阁楼检查灯是否开了。

你能想出如何找到正确的开关吗？

627

难度：●●●●●●●●●●
要求：👁 ✏
完成：☐ 时间：________

随机设置的开关

有3个没有标记的电灯开关被随机地设置在“开”或“关”的位置。3个开关控制另一个房间里的同一盏灯，只有开关都开着时灯才会亮。只动一个开关就打开灯，你能做到吗？

628

难度：●●●●●●●●●●●
要求：👁 ✎
完成：☐ 时间：________

七边形着色

仅用两种颜色，你能否用 18 种不同的方法为七边形的 7 条边着色？在这个问题中，旋转和镜像对称被认为是不同的七边形。

629

难度：●●●●●●●●●●●
要求：👁 ✎
完成：☐ 时间：________

翻转杯子

每次翻 3 个杯子，将全部的杯子翻成口朝上。需要几步才能做到？

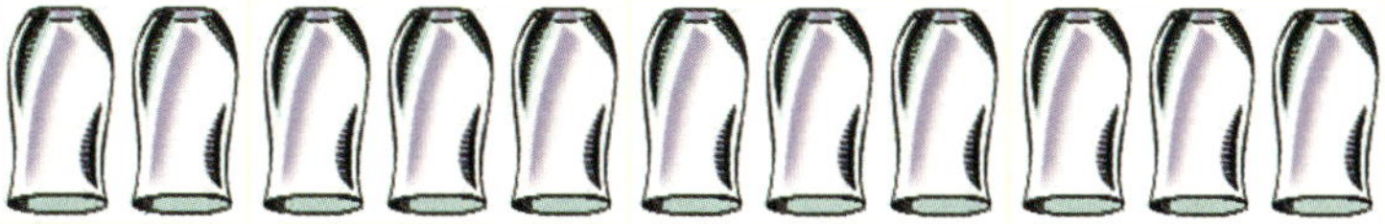

630 难度：●●●●●●●●●●●
要求：
完成：□ 时间：________

二进制轮 1

二进制中，所有可能的三位 1 和 0 都可以包含在 3 个开关里，这 3 个开关要么是开，要么是关。这些三位数代表了二进制系统中最小的 8 个数（包括 0）。要同时表示最小的 8 个数字，总共需要 24 个开关，如右图所示。

在“二进制”轮中，信息可以压缩到 8 个开关。排列 4 颗红色的珠子和 4 颗绿色的珠子，使全部 8 个三位数可以由顺时针连续的 3 颗珠子来表示。尽管表示三位数的珠子必须是连续的，但每个三位数不一定要相邻。

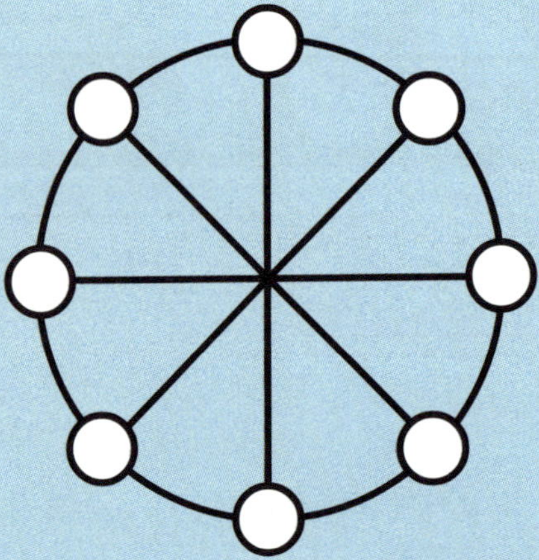

631

难度：●●●●●●●●●●
要求：👁 ✎
完成：☐ 时间：________

二进制轮 2

用 8 颗红色的珠子和 8 颗绿色的珠子做成“二进制”轮 ，使所有的 4 颗珠子的颜色序列（代表包括 0 的最小的 16 个二进制数）由顺时针连续的 4 颗珠子来表示。

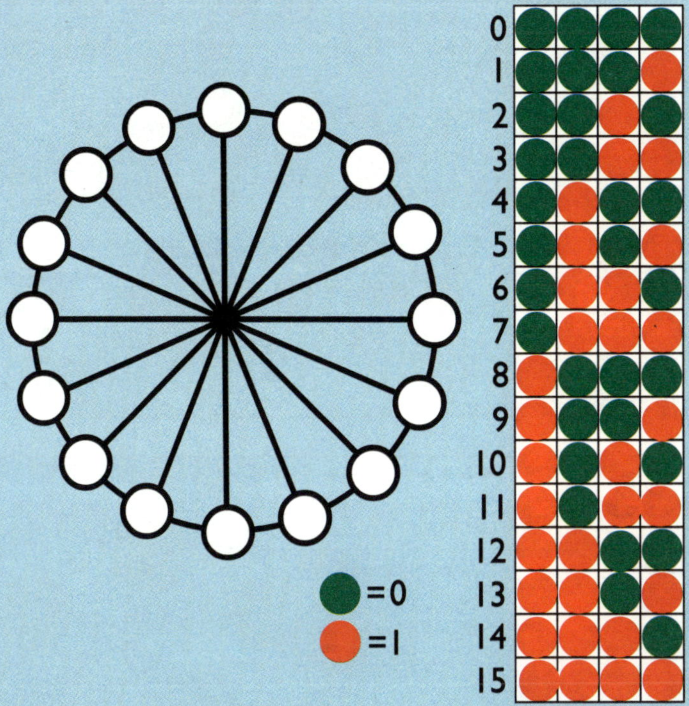

632

难度：●●●●●●○○○○
要求：👁 ✎
完成：☐ 时间：________

项链着色

每根项链有 6 颗珠子，一些是红色的，其余是黄色的。图中给出了12 根项链，你能否给出第 13 种图案？

633

难度：●●●●○○○○○○
要求：👁 ✎
完成：☐ 时间：________

项链

用 5 颗相同的红色珠子和 2 颗相同的绿色珠子可以做出几根不同的项链?

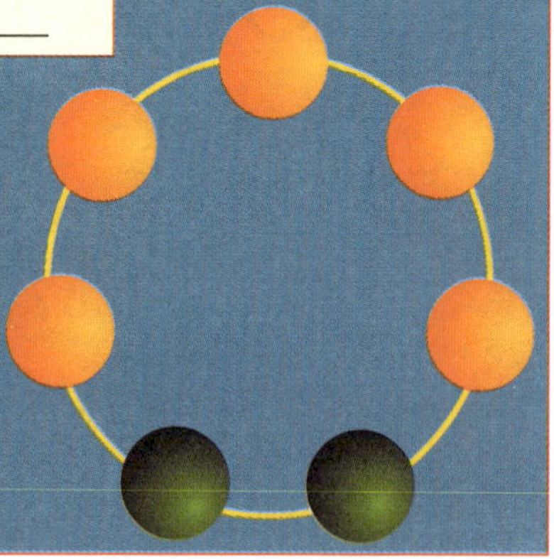

答案

答 案

293 粉红色的图形是唯一一个不是正多边形的图形：其边和角不都相同。

294

295

296 填上5。多边形凸角上的数字和是凹角上数字和的五倍。

297 模具压不出那个五边形。

298 答案始终是1。计算过程：点数-边数+面数（区域数）=1。

299 4×4的正方形是唯一一个周长与面积数值相同的正方形。唯一满足这一条件的矩形尺寸为3×6。

300 精确的计算要用高等数学，最终结果圆的半径大约是第一个圆的1/8.7左右，或者说，约0.115单位。

301 两个面积相等。大三角形和所有小三角形的面积相等，而遮住的部分把两者面积减去了相同的部分。

302 长方形的对角线把长方形面积分为相等的两部分。在1×2的长方形中，对角线每侧面积都为1平方单位。共有9个小方块被这样分开，就是说橡皮筋围成的四边形中，不完整的方块的面积共为4.5平方单位。再加上中间三个方块的面积，总共是7.5平方单位。

303 解决此问题的第一步是把内部的六边形旋转一个角度，使其角接触外部的大六边形的边。然后把内部的六边形分成六个全等的等边三角形，再把每个三角形分成三个全等的等腰三角形。很明显，大六边形和小六边形的边构成的三角形和这些等腰三角形全等。这下，你可以看出大六边形的面积为4平方单位。

304 共有15个相同的等边三角形。如果你把重叠的部分也记作三角形，那么共有28个三角形。

305

306 当你把正多边形放入圆后转动，每个多边形都将包含一个一定尺寸的圆。比如，一个正三角形将形成一个半径为大圆半径50%的圆，正方形为71%，五边形为82%，六边形为87.5%。

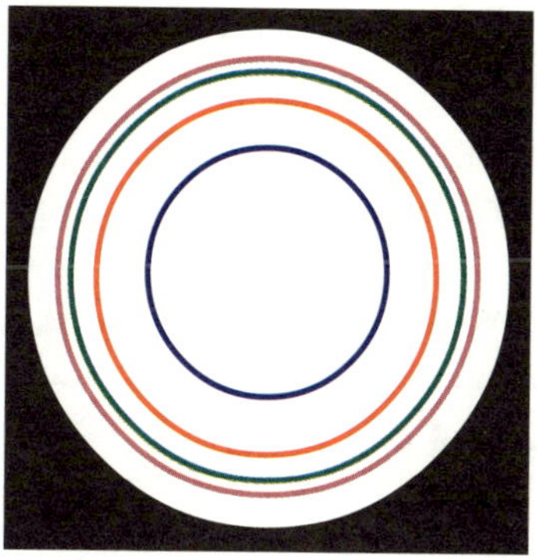

307 是。这个完全意想不到的事实是由英国数学家弗兰克·莫里在1899年发现的。这个三角形被称为“莫里三角形”。

308 四个点是不够的，因为有一个点在其他的三点构成的三角形内的情况。要保证能构成凸四边形，必须有五个点。如果用橡皮筋围住五个点，共有下面三种情况：

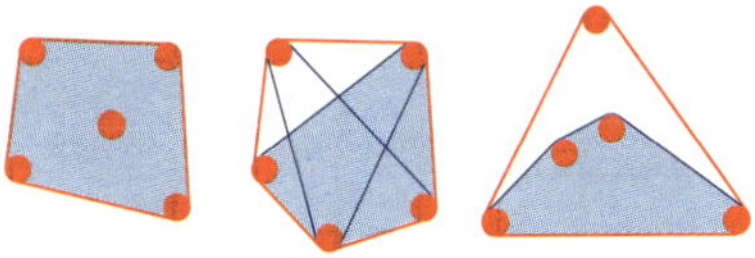

1. 外围的四个点构成凸四边形。

2. 五个点构成凸五边形。其中任意四点都构成凸四边形。

3. 三个点构成三角形，两个点

在其内部，把这两个点和外围某两个点连起来，就构成了凸四边形。

309 共有213只羊可以同时在其中吃草。数学家对此提出了一种快速的解决方法，涉及栅格多边形。先数一数多边形内部的点数，再数一数多边形边上的点数（包括顶点），然后用内部的点数，加上边上的点数的一半，再减1就得到了多边形的面积。在这个问题里，内部的点数共有115个，边上的点数共有198个，所以115+(198/2)−1=213。

310
1. 36个三角形
2. 52个三角形
3. 36个三角形和13个正方形
4. 22个正方形
5. 76个三角形
6. 9个三角形和6个正方形
7. 15个正六边形
8. 29个正方形
9. 31个正方形

311 三角形面积与六边形面积之比为2:3。

312

313 共有27个三角形。一般说来，在三角形栅格中的三角形数量有一个顺序：1、5、13、27、48、118…，根据三角形不断增加的尺寸，对于偶数层的三角形，公式为：n(n+2)(2n+1)。对于奇数层的三角形，公式为：n(n+2)(2n+l)−1。

314 要围出最大面积，需要把角度张开135度。面积是一个正八边形的1/4。

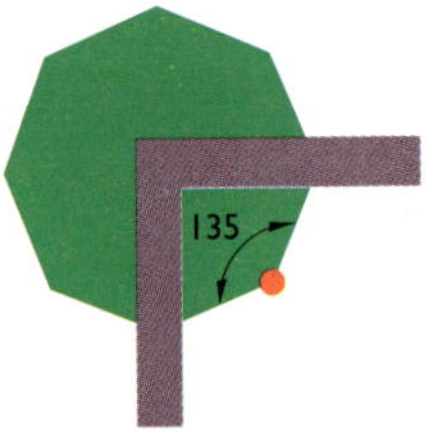

315

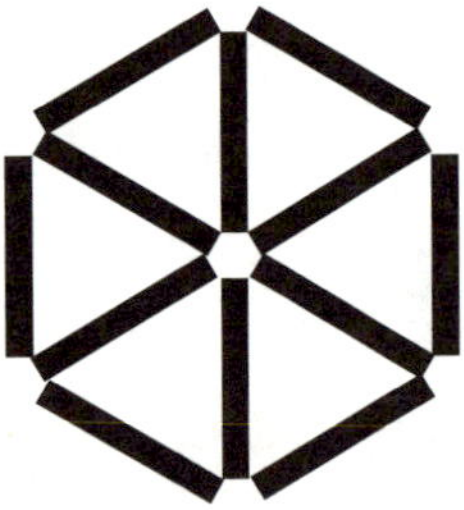

316

各中点和4个重新画出的正方形如下所示。

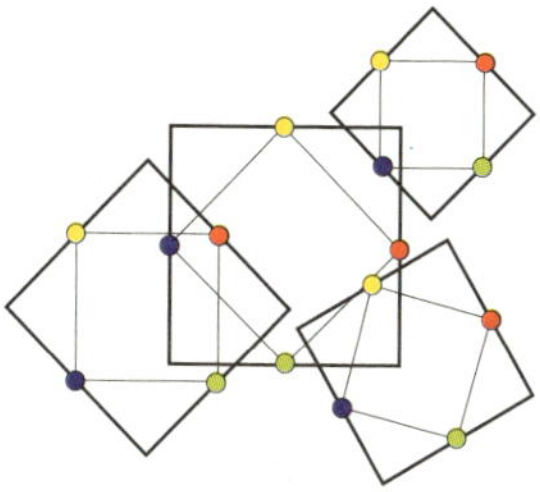

317

318

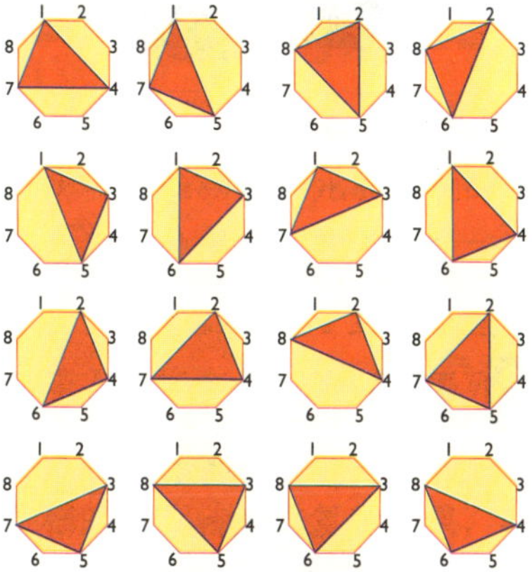

319

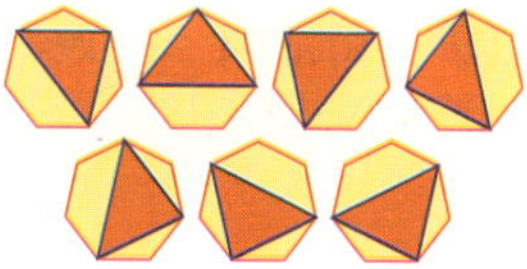

320

顺序是圆、五边形、正方形和三角形。在周长一定的情况下，圆是能围住最大面积的图形。

321

答案是三角形、正方形、五边形和圆。在面积一定的情况下，圆的周长当然最短了。

322

只要切一刀，如图所示。把切下的三角形放到平行四边形的另一边就构成了长方形。

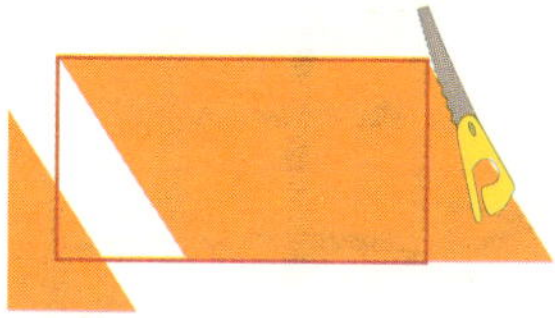

323

自然界中一般的伪装方法是隐去轮廓线，使事物混入背景中。而另一种方法，就像这道题，则是添上许多用以迷惑眼睛的线条。用这种方法，事物本身的轮廓就不那么明显了。多余的线条通过它们的规律性和角度吸引你的注意。而且，图案中图形的数量也有一定误导作用。它们可能接近你要找的图形的形状，但并不就是你要找的。

324

325

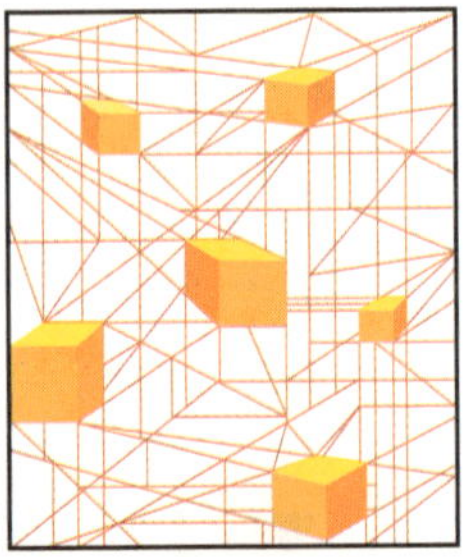

326

327

要把边数为n的正多边形三角剖分，需要作n-3条对角线。这些对角线把多边形分成n-2个三角形。因此，对七边形来说，4条对角线能把它分成9个三角形；6条对角线可以把九边形分成7个三角形；而十一边形则要用8条对角线分成9个三角形。

328

可以在7×7的正方形中画上一个5×5的内接正方形，如图所示。

329

三角形的任意两边长度之和必须大于第三边。绿色的和蓝色的那两组不符合这个条件，所以不能构成三角形。

330

一个简单的答案是把墙围成十四边形，而最省面积的答案是围一个七角星的图案。

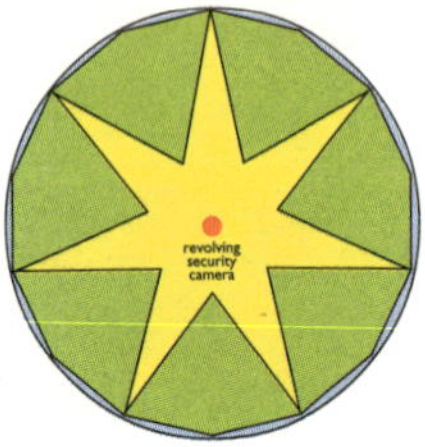

331 至少需要23根窄条，如图。

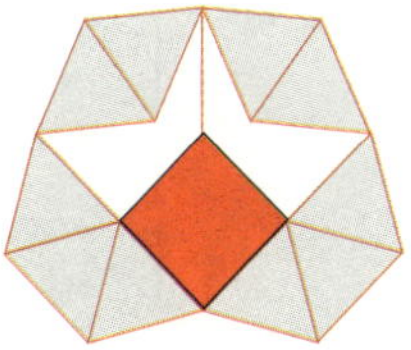

332 每次分割都把三角形分出1/3（7/21），而这一块又被分成三块，通过简单的观察就能发觉分成的3小块面积为1/21、5/21和1/21。中央的三角形的面积就是3/21。

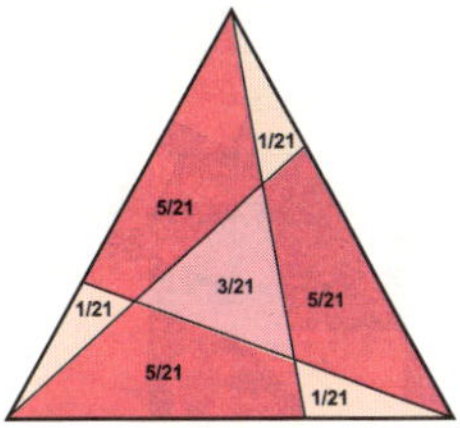

333

334 这两个问题是相关的，因为无论3个村庄在什么位置，都可以把它们看做三角形的3个顶点。无论对村庄或三角形，我们都要求到3个顶点距离之和最短的那个点。

在三角形的3个角都小于120度时，只要在三角形中找一点，其到任意两顶点的连线的夹角都是120度，如图所示。对于有一个角大于120度的三角形，最短路径经过构成这个角的顶点。

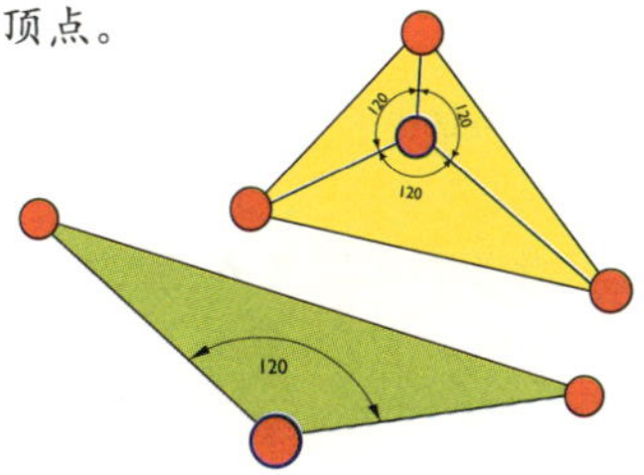

335 对所有三角形都成立。在给出的例子中，如果向三角形内部作等边三角形，最后仍然将得到一个中心与先前那个等边三角形中心重合的等边三角形。三个作出的三角形的面积之差等于原先那个三角形的面积。

336 三角形的中线交点分中线成2:1的线段。

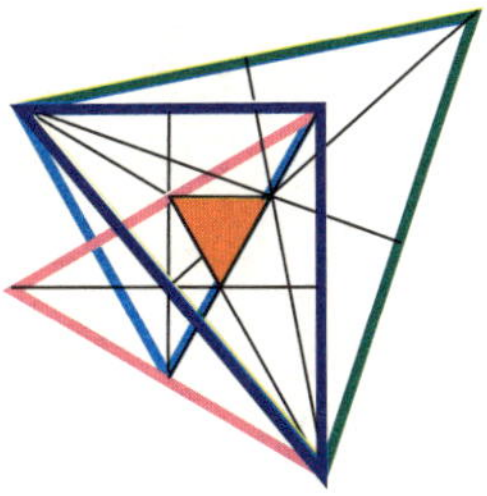

337 四个监视器就够了（图中用红点标出），还有许多其他安放方法。

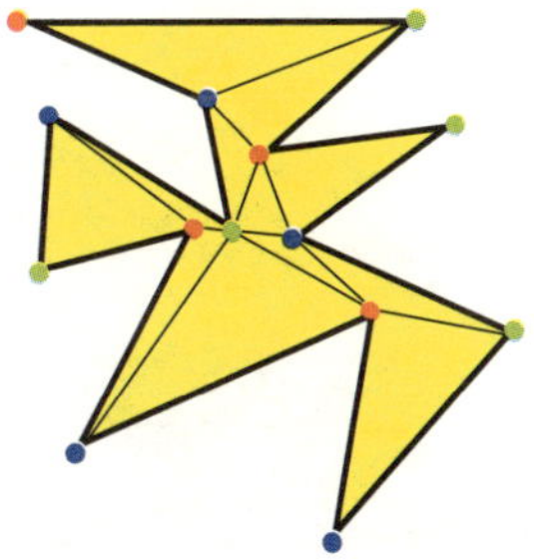

338 答案是三个蓝色的点。要用多少个摄像头监视每一寸地面这个问题是维克多·克里于1973年提出的。几天后，卢特格斯大学的数学家瓦赛克·齐瓦托就证明，如果地面有n个顶点，那么就有n/3个位置可以观察整个画廊。这个问题被称为“齐瓦托艺术画廊问题”，直到Bowdoin大学的数学家史蒂夫·弗里斯克以其天才的三角剖分法确定了摄像头的精确位置。把地面三角剖分，并用三种颜色标记三角形的三个顶点。每个三角形都用同样的三种颜色，而每个顶点都只能用一种颜色。摄像头就放在颜色出现次数最少的那些点上。

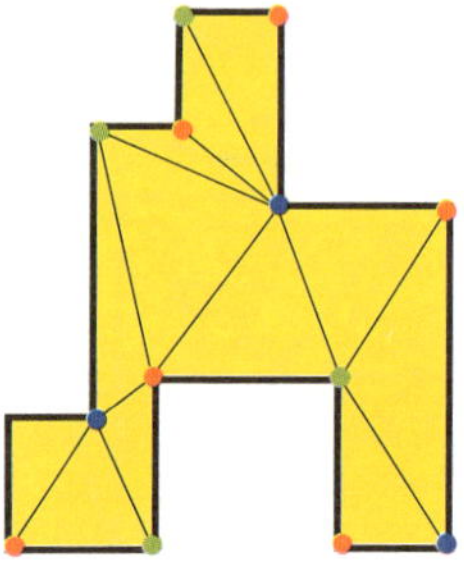

339 面积（T）=面积（JLNM）-面积（JKM）-面积（KLN）=（a+b）（2a+2b）/2-ab-ab=a^2+b^2=EB^2=面积（S）。

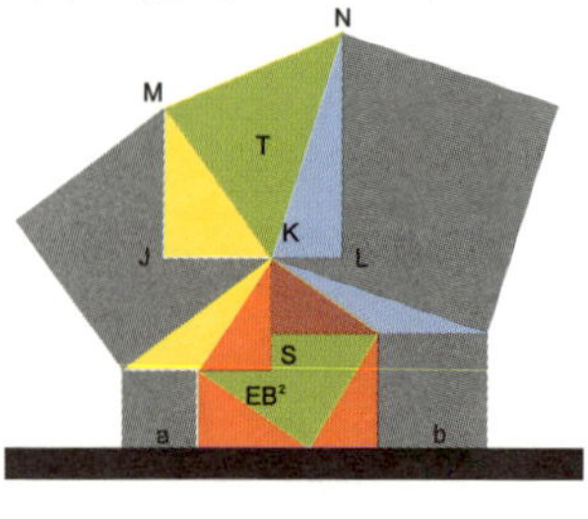

340

341

342 不相同。蛋糕1和蛋糕3分成相等的两部分，但蛋糕2中红色的部分比较大。

如果弦（切蛋糕的切痕）的数目是偶数，并且大于等于4，那么切得的面积总是相同的。

如果弦的数目是奇数或者小于4，面积将不同，除非切痕过圆心，就像蛋糕1中的情况。

这个问题来自1968年由L·J·厄普顿发现的“比萨饼问题”。这个问题由拉里·卡特和斯坦·维根于1994年证明。

343 顺序为黄、橙、红、粉红、紫、亮绿、暗绿、亮蓝、暗蓝和灰。这也是边数递增的顺序，从三角形到十二边形。

345 是的。这个著名几何问题叫做“冯·奥伯定理”，对于凹四边形甚至三点共线的四边形也成立。

346 在一个四边形中，任意一边长度小于其他三边长度和。因此，蓝色的那组，边长2、3、3、8，不能构成四边形。

347 先画一条连接两个点的线段，比如连接点1和2。然后通过点3作一线段与之垂直，且两线段长相等。这条线段显然将与正方形相交，设交于点5。

画一条过点4和点5的直线，再过点3作一直线与之平行。最后再过点1和点2作两直线与此平行线垂直，正方形就确定了。

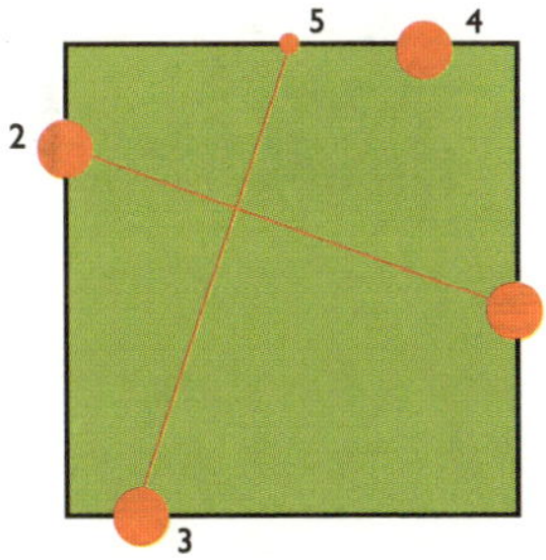

348

349 如果已知五边形的边长为1，那么题目中正方形的边长就比1.0605大一点儿。但费奇·切尼1970年在《娱乐数学杂志》上给出的一个例子（如图）中，正方形的边长比1.0673还大些。

350 共有21个正方形。

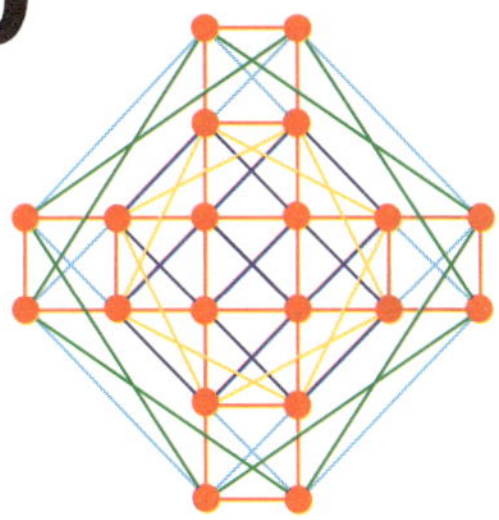

351
1. $1^{1/2}$的平方单位
2. $2^{1/2}$的平方单位
3. 1平方单位
4. 2平方单位
5. 3平方单位
6. $2^{1/2}$的乎方单位
7. $4^{1/2}$的平方单位
8. $6^{1/2}$的平方单位
9. $5^{1/2}$的平方单位
10. 2平方单位
11. 5平方单位
12. 18平方单位
13. $5^{1/2}$的平方单位

14. 7平方单位
15. 7平方单位
16. $7^{1/2}$的平方单位

352

共有204个大小不同的正方形：

1平方单位—64
4平方单位—49
9平方单位—36
16平方单位—25
25平方单位—16
36平方单位—9
49平方单位—4
64平方单位—1

边长为n单位的正方形中所包含的所有正方形数目，就是从1到n这些自然数的平方和。

353

354

355

三角形的内心是其三条角平分线的交点。

三角形的外心是其三条中垂线的交点。

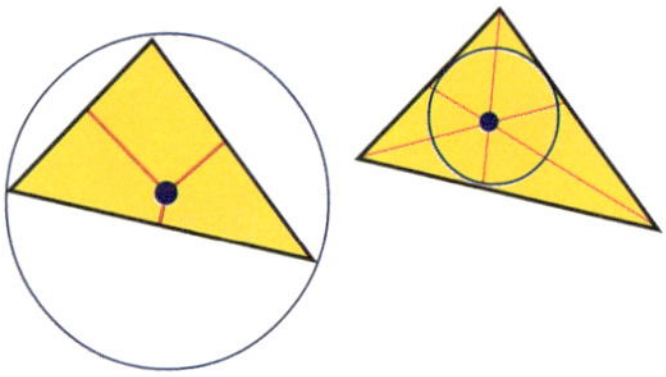

356

这个图形可以重新构成五个相同的正方形，如图所示。因此，红色正方形的面积是原来图形的1/5。

357

能组成三个不同单词。单词第一个字母可以是三个字母中的任何一个，第二个可以是剩下两个中的一个，第三个的则是最后余下的那个：3×2×1=6种不同情况。这些是：

OWN、ONW、NOW、NWO、WON、WNO

对于n个不同字母，或者其他东西，其全部排列数目可以这样计算：

n×(n-1)×(n-2)×…×3×2×1这个数叫做n的阶乘，记为n！。

358

如果旋转后相同的情况也计算在内的话，就有7！(5040)种可能。但因为其中每一种旋转后都能得到六种情况，所以本题的答案应该是7！/7，等于6！(720)。

如果我们再排除左右对称的情况，答案就应该是720的一半即360。

359

360

对4个一组的排列，如果要求女孩旁边至少有一个女孩，则有6种可能，如图所示。

361

362

有两种可能。

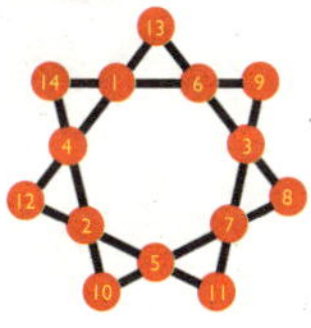

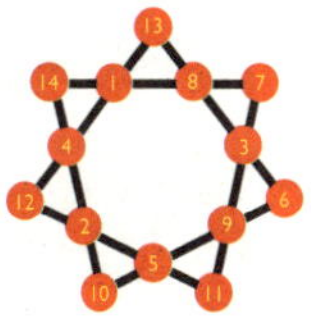

363

图中共有八种图案。从第一行起，它们排列的顺序是：1、1、2、1、2、3、1、2、3、4、1、2、3、4、5…最后到1、2、3、4、5、6、7、8，然后开始重复。

364

有16种可能的颜色对。

365

3个元素的排列共有6种可能。首先，3种水果都可以放在最左边。剩下的两个中，可以任选一个放在中间，最后一个则放在最右边。所以有3×2×1=6。

366

有5040种可能。

367

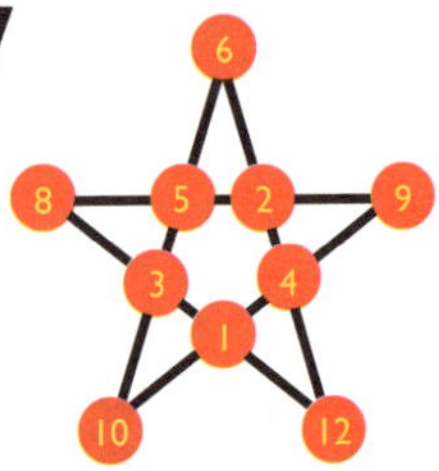

368

当你把它们剪下来后，你会发现只有12种不同图案。

369

对于n种颜色，这个圈上的珠子数是颜色数的平方。

370

注意用红色描出的正方形中的4根彩带和它下面的正方形既可以水平放置，又可以垂直放置。

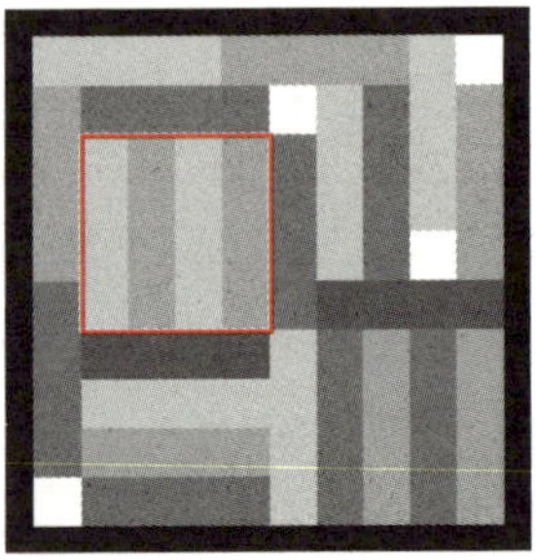

371

其中一个答案。

2	1	4
3	5	7
6	9	8

372

12	1	18
9	6	4
2	36	3

373

3	1	2
9	6	4
18	36	12

374

其中一个答案。

-1	3	2	-4
5	-7	-6	8
-8	6	7	-5
4	-2	-3	1

375

	1	4	
3	10	7	11
8	12	2	5
	6	9	

376

14	10	1	22	18
20	11	7	3	24
21	17	13	9	5
2	23	19	15	6
8	4	25	16	12

377

答案有两个。在丢勒幻方中，还有许多组数可以相加得到同一个幻方常数。比如，请看左上角的2×2的小正方形，其中四个数16、3、5和10，相加得34。

16	3	2	13
5	10	11	8
9	6	7	12
4	15	14	1

16	5	2	11
3	10	13	8
9	4	7	14
6	15	12	1

378

九个数的和是45，分到3行或列，意味着其幻方常数是15。

一般说来，求幻方常数并不用把所有的数都加起来再作除法。对n列的幻方，幻方常数可以这样计算：

$$(n^3+n)/2$$

为了解决洛书问题，你先要知道，取3个数其和为15，共有8种取法：

9、5、1；9、4、2；8、6、1；8、5、2；8、4、3；7、6、2；7、5、3；6、5、4。

幻方中央的数得在这些数组中出现4次（一行、一列和两条对角线）。而只有5才出现过4次，所以5必须放在幻方中央。9只出现了两次，所以它必须被放在某行或列的中间，并与1构成9、5、1的那组。同样，3和7也各出现两次，也得放在某行或列的中间。最后剩下的数字只有一种放法。

2	9	4
7	5	3
6	1	8

379

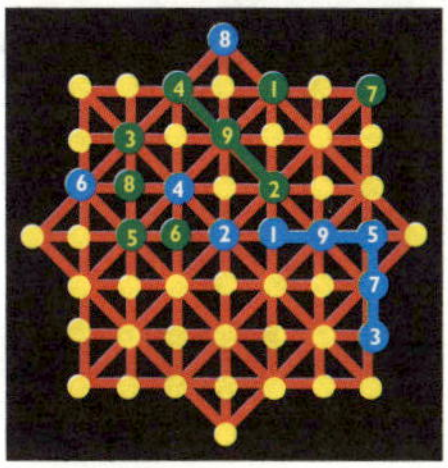

380

只有一种可能。

10	3	6	15
5	16	9	4
11	2	7	14
8	13	12	1

381

382

有15种可能。对每一只猴子，都能在3头驴中任选一头与之组成一对，而选猴子又有5种情况，所以共有15种可能。

383

并非每个彩色幻方都有解。很多情况下只能找到最优解。

384

将要求扩展到两条主对角线是不可能的。

385

填满使对角线也符合要求的六阶彩色幻方是不可能的。

386

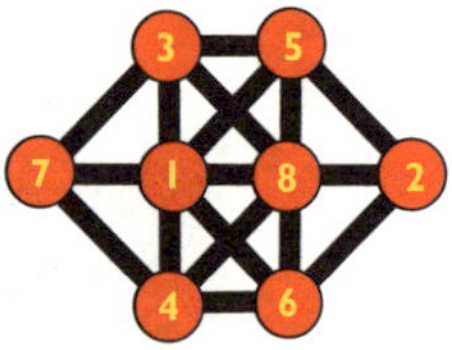

387

这个填满的彩色对角幻方中，所有的斜线都符合规则。只有在阶数不能被2或3整除时，才有可能填满彩色幻方。

388

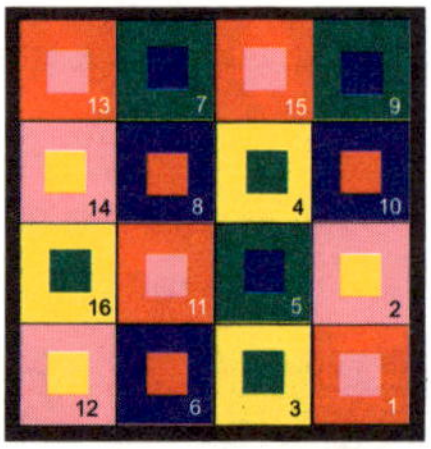

389

391

共有12个不同的小丑，在图中圈出。

标号为1、2、3、6、7、8、9和11的小丑各出现3次，其余各出现2次。

画中共有32个小丑，只有24个是完整的。

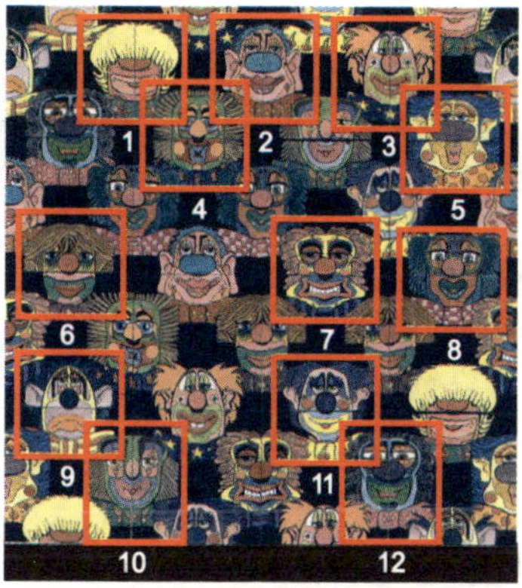

392

393

只有这一种情况。

394

395

396

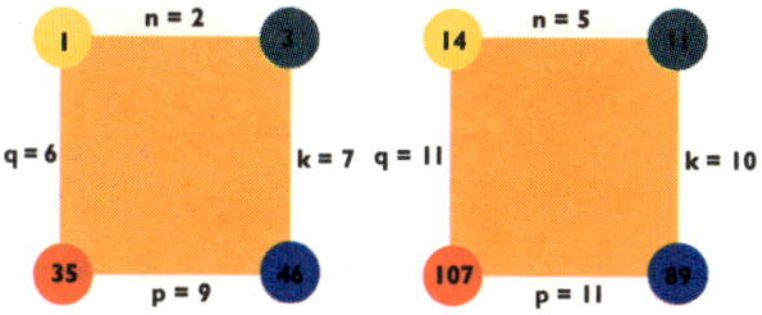

397

排除对称和旋转后相同的情况，共有四种可能。

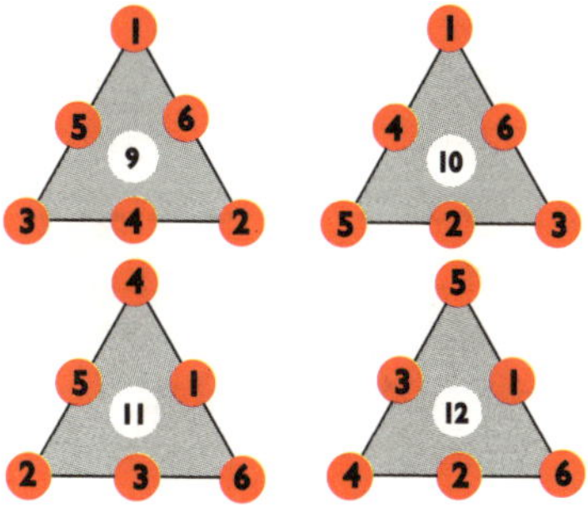

398

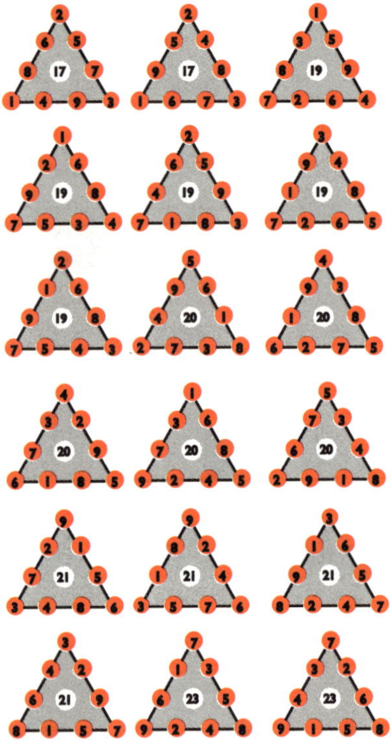

399

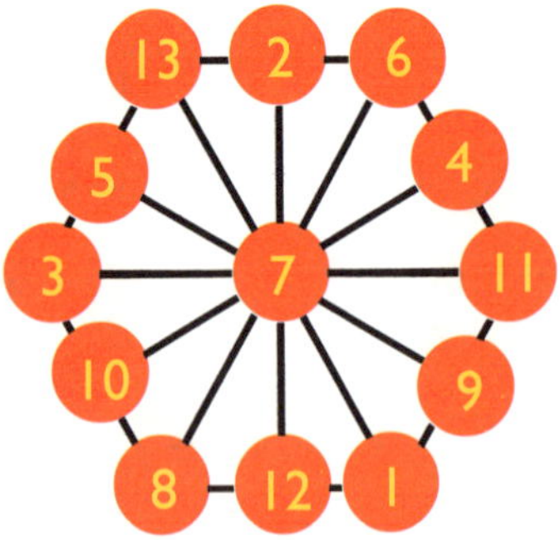

400

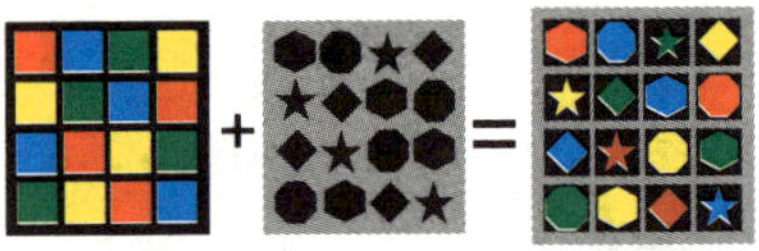

401

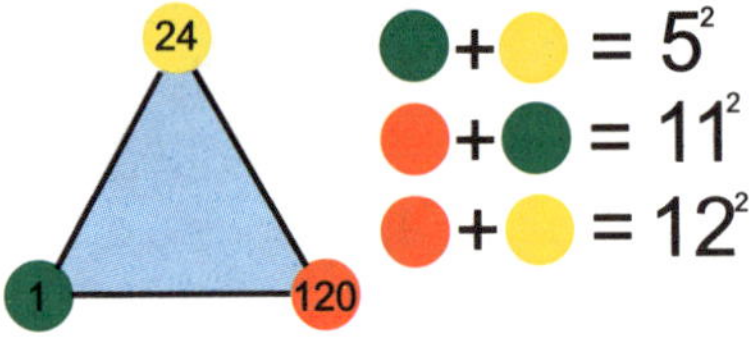

402

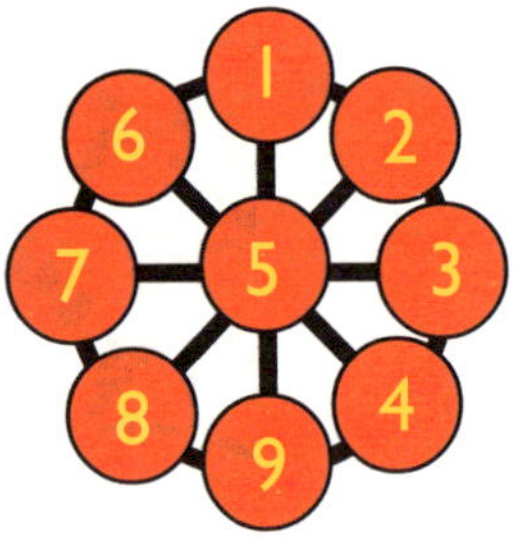

403

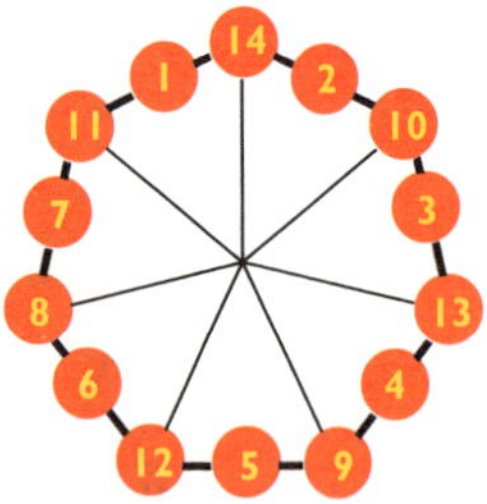

404

所有颜色和外星人在每行、每列和每条对角线上都只出现一次，所以答案是以红色为底色的中间那个外星人。

405

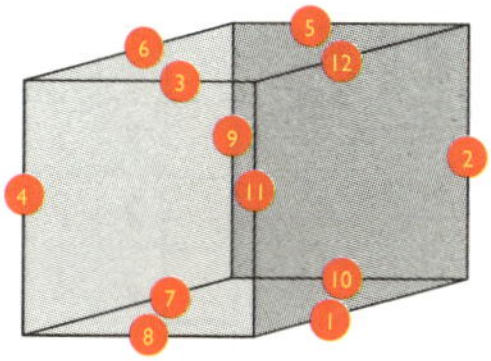

406

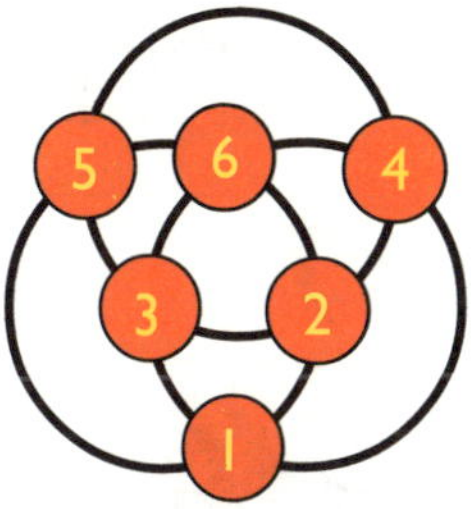

407

答案之一。

9	8	4
7	5	3
6	2	1

16	12	8	4
15	11	7	3
14	10	6	2
13	9	5	1

408

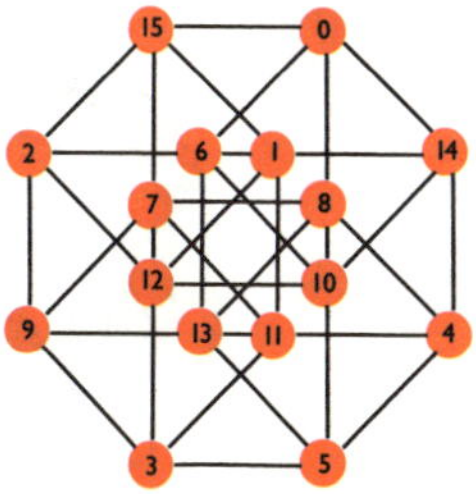

409

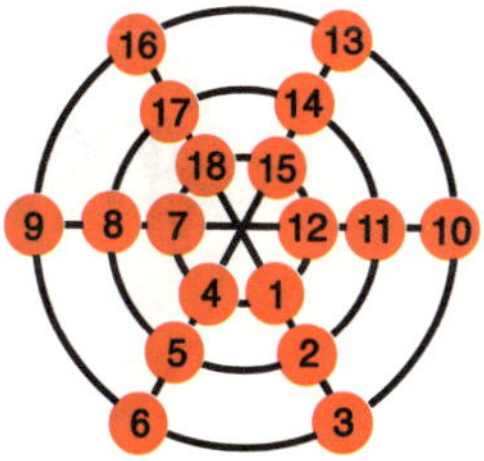

410

所有19个数之和是190，可以被5整除，而且每个方向上都有5个平行的行。常数是190除以5，即38。

411

412

两种解法。

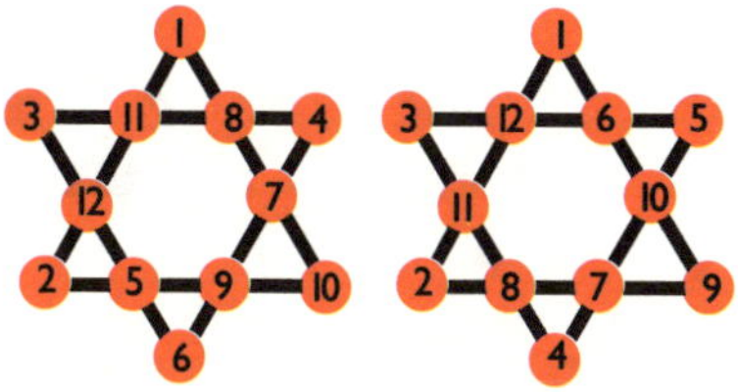

413

右上方的八边形：逆时针旋转1/4圈。

左下方的八边形：旋转1/2圈。

右下方的八边形：顺时针旋转1/4圈。

414

最后一个八边形可以用两种方向放，以获得颜色上的匹配。

415

在每个图样中，箭头显示了正方形的移动。每个序列中未给出的图样用红色表示。

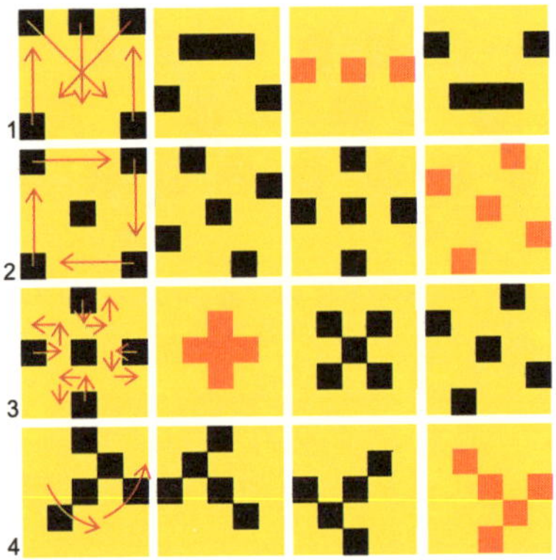

416

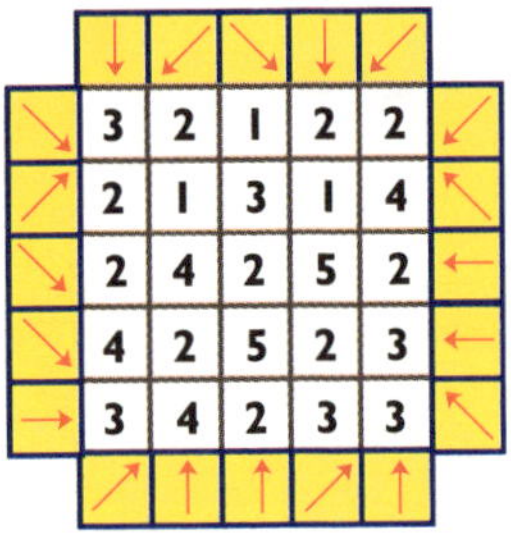

417

418

419

420

不可能。每个多米诺骨牌一半是红色，另一半是黄色，因此每种颜色的方块数目一定相等。棋盘被修剪成有32个红色方块，却只有30个黄色方块。

421

有4种不同的方法可以在2个盘子上放上2份甜点，如图所示。

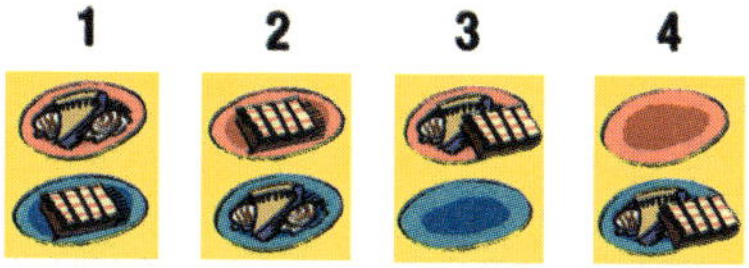

422

黄色的点代表菠萝，红色的点代表苹果。有9种不同方式可以将它们放到3只碗中，如图所示。

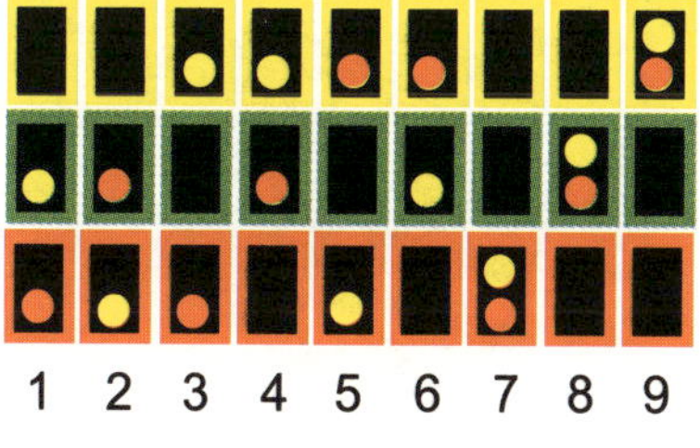

423

这里给出了两个不同的解法。

424

（图注：the missing hexagon：未给出的六边形。）

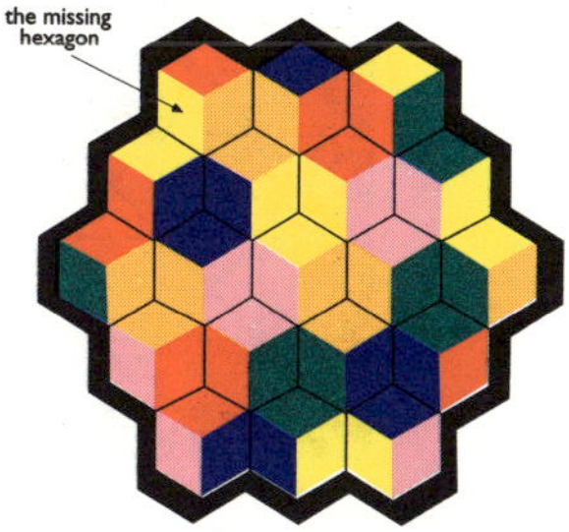

425

未给出的三角形3部分都是黄色。

426

427

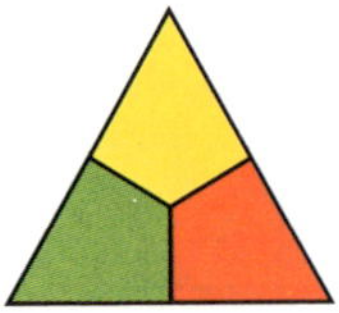

428

未给出的正方形都是黄色的。其中一种摆法。

429

绿色可以完成曲折形状。

430

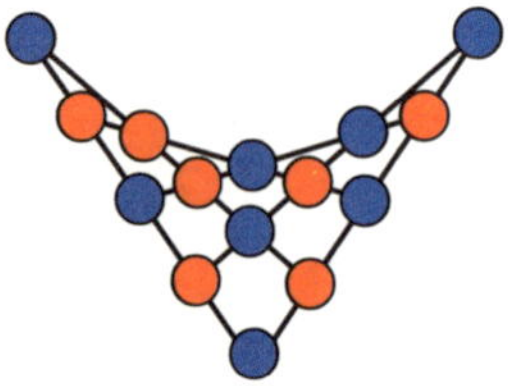

432

433

434

第三张牌在图样中没出现。

435

436

437

其中一种解法。

438

结果是经典“T字难题”的解法。

439

440

441

442

443

其中一种解法。

444

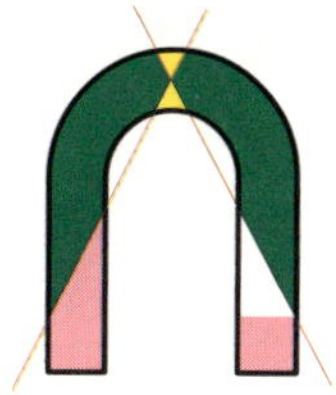

445

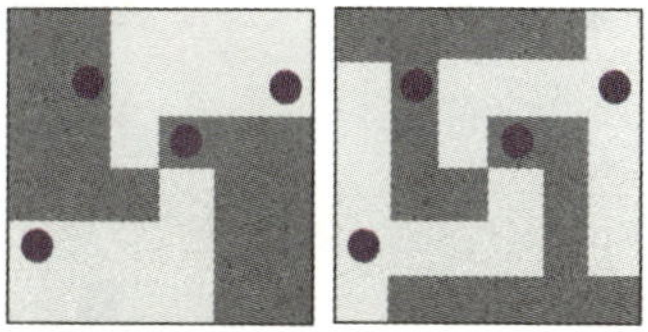

446

447

448

449

450

451

452

453

穿过黄色点的每条线都将周长两等分。

454

455

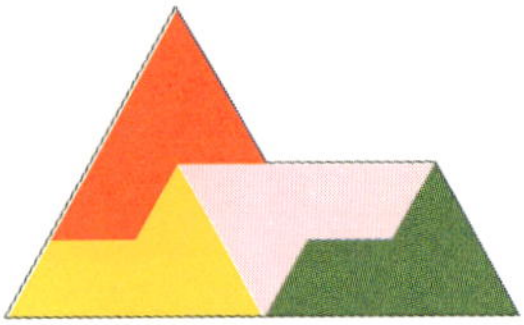

456

457

458

459

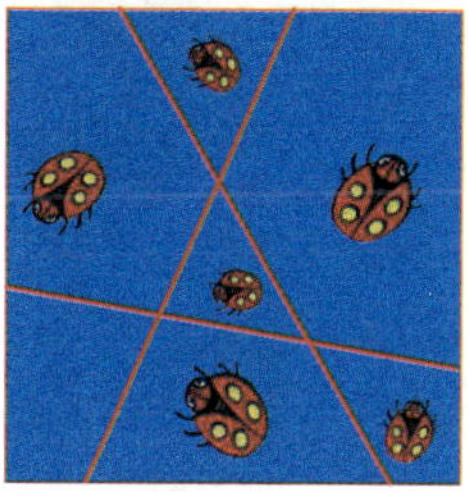

460

461

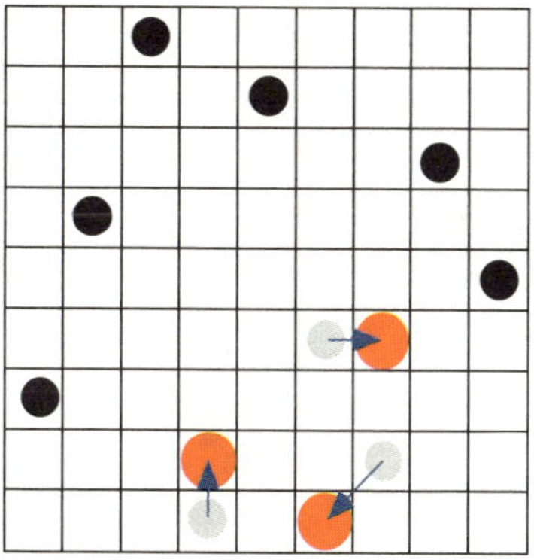

462

463

464

可以用5片拼成这两个正方形。一片拼成较大的正方形，另外4片拼成较小的正方形。

465

当它们沿同一个方向摆动时，就形成一个等边三角形。当它们沿相反方向摆动时，就形成一个正方形。

466

完成这个任务只需要切7刀。

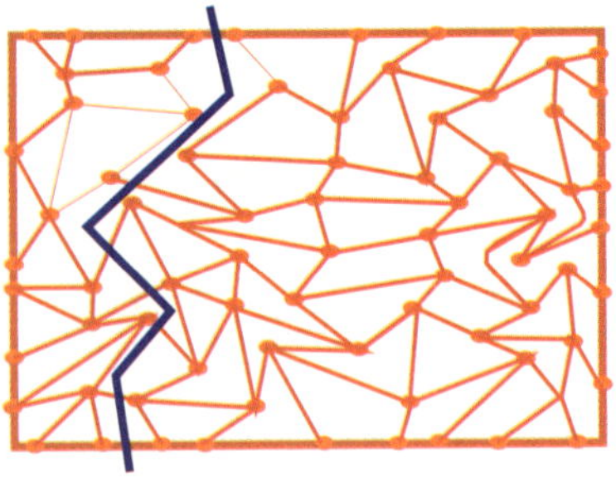

467

468

你可以仅用5片就拼成这3个正方形。

469

恭喜！你已经证明了毕达哥拉斯定理背后的真相。

470

这个问题得自最美妙的毕达哥拉斯定理证明之一，由亨利·佩里格发现。这个构造适用于由任意直角三角形得到的3个正方形。

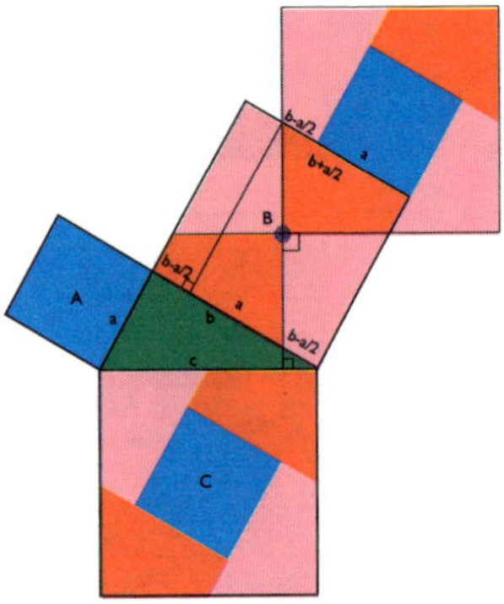

472

473

474

475

476

477

解法是分割成6份。

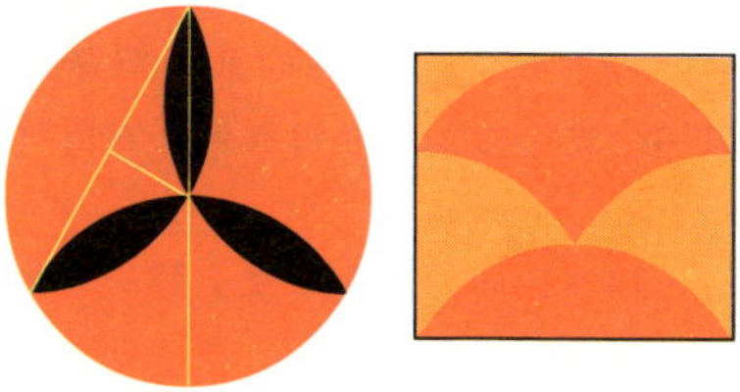

478

479

480

德国数学家沃尔特·特仑普发现了这里给出的解法。部分红色的正方形倾斜了40.18度。

481

你将得到6支红色的铅笔和7支蓝色的铅笔。如果你再仔细检查一下，将会发现哪支铅笔的颜色变了。

482

483

484

面积1——1.5单位

面积2——4.5单位

面积3——1.5单位

面积4——2.5单位

面积5——2.5单位

面积6——3单位

面积7——4单位

面积8——15.5单位

没有被红色三角形占据的面积之和为19.5单位，所以它更大。

485

这个32×33的完全长方形是已知最小的。

486

目前此题无解，还没有已知的解法，使得24个正方形都能放到大正方形上去而不相互重叠。现在最好解法只能将24个正方形中的23个放上去。7×7的正方形会被剩下。这里给出了一种解法。

尽管有其他边长为连续自然数的正方形序列，它们的面积之和是完全平方数，但是没有一个比1到24这个序列更少。

487

11×11的正方形的最小解法是由11个更小的正方形组成，如下左图所示。

12×12的正方形的最小解法是由4个更小的正方形组成，每个正方形都是6×6的。

13×13的正方形的最小解法是由14个更小的正方形组成如下右图所示。

14×14的正方形的最小解法是由4个更小的正方形组成，每个正方形都是7×7的。

488

未被覆盖的正方形可以是板上的任意一块。

489

490

需要11个较小的三角形来完全覆盖这个11×11的三角形。这里给出了一个解法。

491

492

如果板的一边长可以被3整除，那么洞的最大数目就是两边长的乘积再除以3。

493

494

495

496

497

在第一个和第三个例子中，三角形的大约3/4被覆盖了。

498

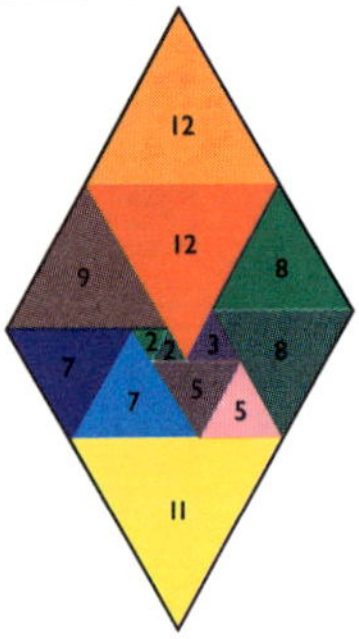

499

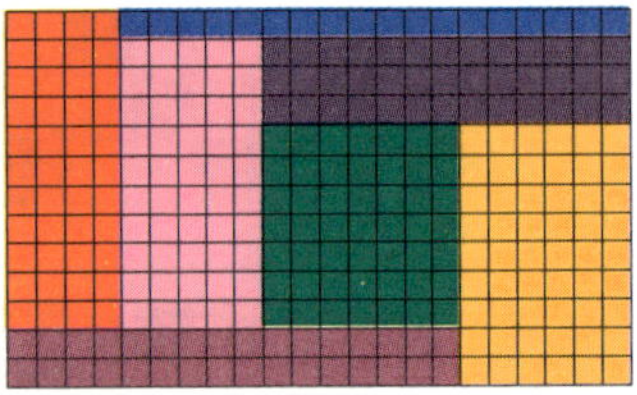

500

有12种方法。这样的图形称为五节多米诺骨牌。

501

502

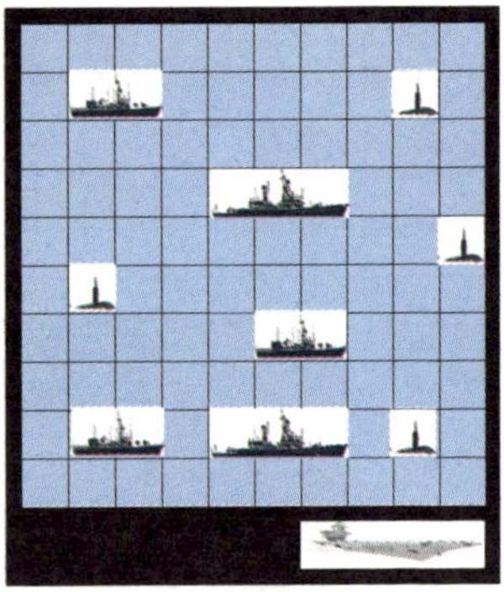

503

两个正方形看上去相同，但是第二个正方形一定小一些。小的那一部分面积与被拿走的小正方形面积相同。

拼成较小的正方形的方式是将每条边上的两个三角形交换一下。剩余部分的拼法就很容易了。

504

9个小图形。

505

有很多种方法可以将12个五节多米诺骨牌放到板上。（图注：Puzzle 1-6 solution：问题1-6的解法）。

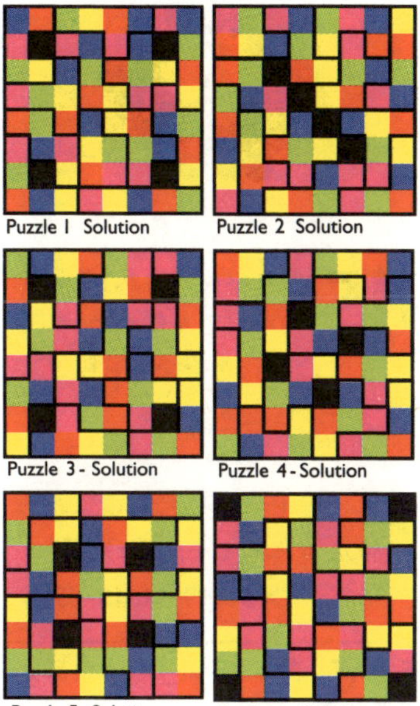

Puzzle 1 Solution　Puzzle 2 Solution
Puzzle 3 - Solution　Puzzle 4 - Solution
Puzzle 5 - Solution　Puzzle 6 - Solution

506

507

大T形可以包容16个小的T形。

508

其中一种解法。

509

只要3个正多边形，等边三角形、正方形和正六边形就能够在一个平面上镶嵌成花纹状。

510

小鱼可以填入9条小小鱼，而大鱼可以填入9条小鱼。这就是说，全部81条小小鱼可以填入一条大鱼中去。

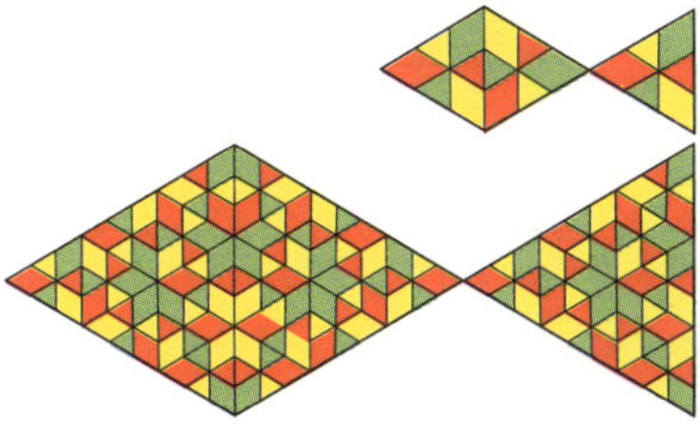

511

四层塔中的数字可以以(10!)/(2×3)，即604800种不同的方法排列。

512

171。

第四个三角形数字是10，等于1+2+3+4。

对任意数字n，它的三角形数字可以表示为：n(n+1)/2。

那么，要找出第十八个三角形数字，就只需计算18×(18+1)/2，即171。

18

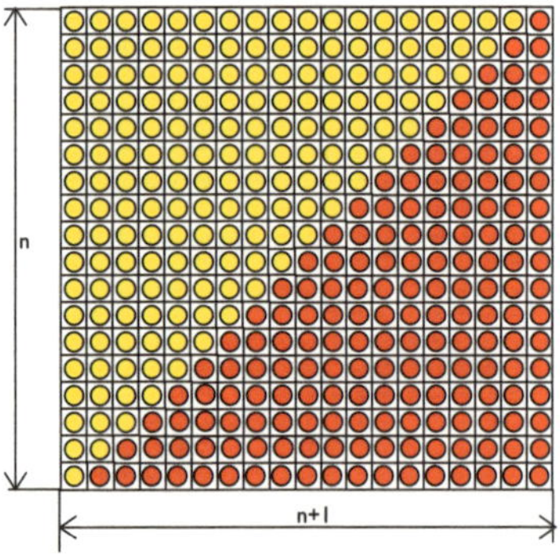

513

$99+{}^{99}/_{99}=100$。

514

下一个六边形数是37+6×(5-1)=61。

515

正方形数是由从1开始的奇数序列之和形成的。

$1^2=1$

$2^2=1+3=4$

$3^2=1+3+5=9$

$4^2=1+3+5+7=16$，

依次类推第七个正方形数将是

$7^2=1+3+5+7+9+11+13=49$。

516

第六个和第七个三角形数是21和28，加起来等于49。

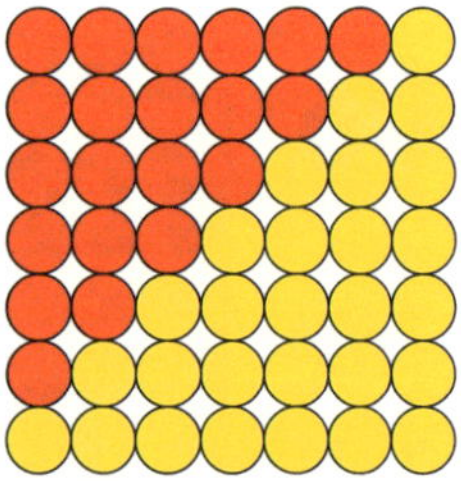

517

是第五个三角形数：15。

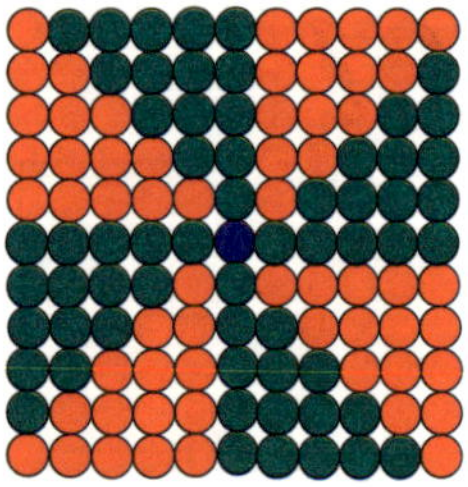

518 这个四面体序列可以用公式n(n+1)(n+2)/6来表示。这个公式给出了一个数列：1，4，10，20，35，56，84…

金字塔形序列可以用公式n(n+1)(2n+1)/6来表示。这个公式给出了一个数列：1，5，14，30，55，91，140…

519 可以用一一对应的原理来找出答案。一只朝左，另一只朝右，直到每一种都配对完了。

520 这4个数字是1、3、9和27。

1	=	1	9+3-1	=	11
3-1	=	2	9+3	=	12
3	=	3	9+3+1	=	13
3+1	=	4	27-9-3-1	=	14
9-3-1	=	5	27-9-3	=	15
9-3	=	6	27-9-3+1	=	16
9-3+1	=	7	27-9-1	=	17
9-1	=	8	27-9	=	18
9	=	9	27-9+1	=	19
9+1	=	10	27-9+3-1	=	20
27-9+3	=	21	27+3+1	=	31
27-9+3+1	=	22	27+9-3-1	=	32
27-3-1	=	23	27+9-3	=	33
27-3	=	24	27+9-3+1	=	34
27-3+1	=	25	27+9-1	=	35
27-1	=	26	27+9	=	36
27	=	27	27+9+1	=	37
27+1	=	28	27+9+3-1	=	38
27+3-1	=	29	27+9+3	=	39
27+3	=	30	27+9+3+1	=	40

521 1+2+3+4…+97+98+99+100可以改写1+100+2+99+3+98+4+97…

也就是50个101，就得到了它们的和5050。

这个巧妙的方法适用于计算任何连续整数的和。通式就是n(n+l)/2，即三角形数字的通式。

522 回想一下著名的洛书幻方：正方形被1到9的数字填满了，而且每行、每列和主对角线上的数字之和等于15。然后，想办法划分出和为15的三个数。比如，最好的第一步是给数字5涂色。

523

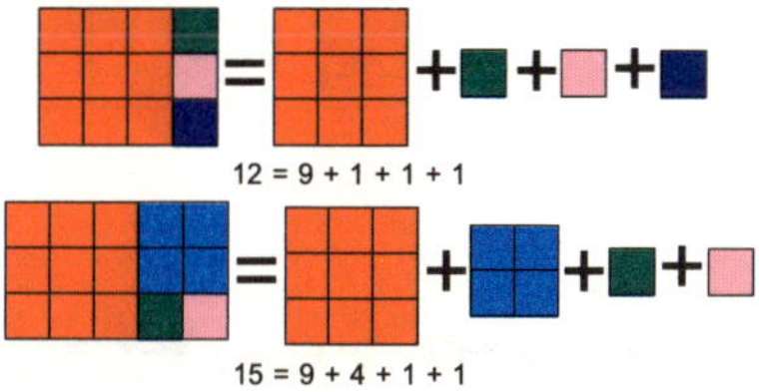

524 用毕达哥拉斯定理，很容易计算斜边长：$1^2+1^2=c^2=2$，因此$c=\sqrt{2}$。

但要找出一个有理数等于$\sqrt{2}$，是不可能的。

525 (4−1+2）×3+5=20。

526 两个奇数加在一起，结果是一个偶数。奇数个奇数之和总是奇数。因此，5个奇数之和不可能是100。但6个奇数可以，1、3、45、27、13和11是和为100的六个奇数。

527 还是5个人。那5个能在5秒钟内捡起5个苹果的人可以在60秒内捡起60个苹果。他们平均每秒钟捡一个苹果。

528

第二小的完全数是28，即1、2、4、7、14之和。

第三小的完全数是496。

没有人知道，完全数是否无穷无尽；也没有人知道，奇数完全数是否存在。这个问题一直困扰着数学家们。

529

531

532

不管这个斜坡有多陡，滚了2秒钟的球总是滚过了4倍于滚1秒钟的距离。而在3秒钟后，球将滚9倍远。规律非常明显：如果球每秒钟滚过一个单位距离，那么n秒钟球将滚过n^2个单位距离。

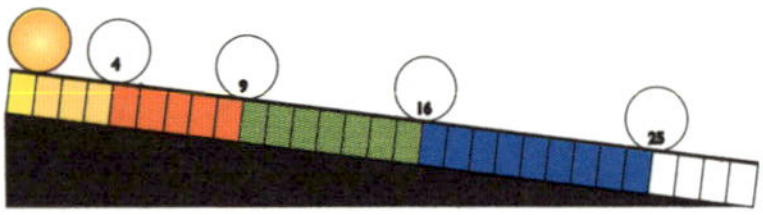

533

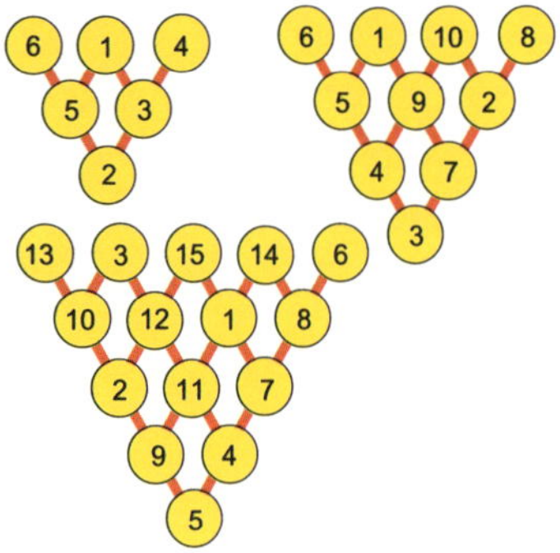

534

20只瓢虫。

535

将8和9交换，并将9倒过来，这样9就变成6。两列的和就都是18了。

536

因为在第8页之前有7页，所以在第21页之后一定也有7页。报纸总共有28页。

537

其中一种解法。

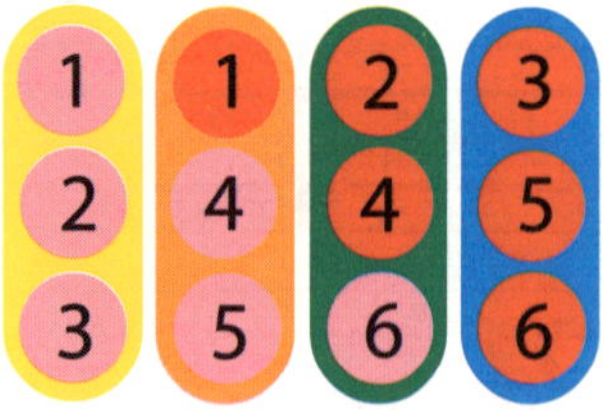

538

539

540

有许多例子：

243+675=918；

341+586=927；154+782=936；

317+628=945；216+738=954…

541

10个数字有10!，即3628800种排法。但是因为所有以0开头的排列方法必须除去，所以实际的数目要少掉362880种，即共有3265920种排法。

542

1是持续性最小的数，25是持续性为2的最小数，39是持续性为3的最小数，77是持续性为4的最小数。

543

4个相邻的格子形成一个钻石形，其中A×D−BC=1。

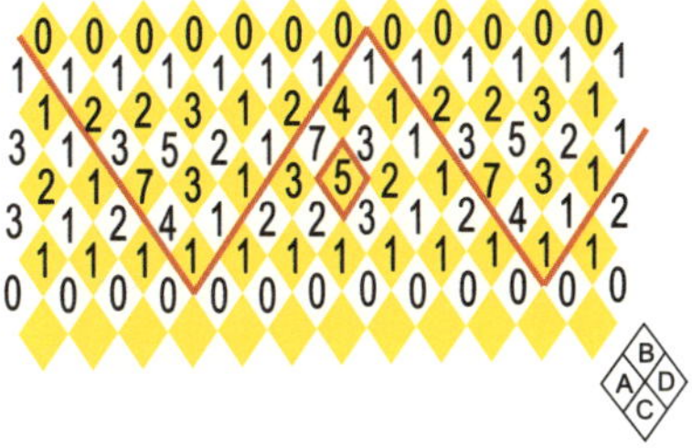

544

7	+	1	÷	4	=	2
+		+		+		+
5	x	2	-	8	=	2
÷		-		-		+
6	+	3	÷	9	=	1
=		=		=		=
2	+	0	+	3	=	5

545

每个数字是它正上方、左侧、左上角三个数字之和。根据这条规则，未给出的数字是63。

546

0=4−4

1=4/4

2=(4+4)/4

3=4−(4/4)

4=4

6=((4+4)/4)+4

5=4+(4/4)

7=(44/4)−4

8=4+4

9=4+4+(4/4)

10=(44−4)/4

547

20=1+1+1+1+1+1+1+13

20=1+1+1+1+1+1+3+11

20=1+1+1+1+1+1+5+9

20=1+1+1+1+1+3+3+9

20=1+1+1+1+1+1+7+7

20=1+1+1+1+1+3+5+7

20=1+1+1+1+3+3+3+7

20=1+1+1+1+1+5+5+5

20=1+1+1+3+3+3+5+5

20=1+1+1+3+3+3+3+5

20=1+1+3+3+3+3+3+3

548

6只镖：17+17+17+17+16+16=100。

549

16	-	5	+	2	=	13
2	x	15	÷	3	=	10
11	+	7	=	14	+	4
12	=	8	x	9	÷	6

550

这两个和都1083676269。

551

接下去的数是21。每个数字是前面两个数字之和。

552

第一个数字可以是0到9中的任何一个，第二个可以是除了与第一个相邻数之外的任何一个。这就组成了90个两位数字不相邻的两位数。

不连续的n位数的数目的公式是10×9(n-l)。

553

其中一种解法。

1+2+3-4+5+6+78+9=100

554

2520=5×7×8×9。

555

看到这道题目的大多数人都将每个数字看成是连接它的两个数字之差。但是，这无法解释数字7，因为21-13=8。

观察连接到每个圆圈的数每位上的数字。你将发现，9、9、7和2加起来等于27，而4、5、2和7加起来等于18。这样，未给出的数字就可以由3、6、2和1加起来求得，即12。

556

每项都是描述它前面一个数字："11"意味着有一个1；"21"意味着有两个1；"1211"意味着有一个2和一个1；"111221"意味着有一个1、一个2和两个1。

312211

557

这些数字构成了切蛋糕的数列——在一个平面上切给定的刀数，可以将该平面切成的最大份数。作为一个一般规律，第n刀将新切出n份。这样，对第六刀而言，份数将是16+6，即22。

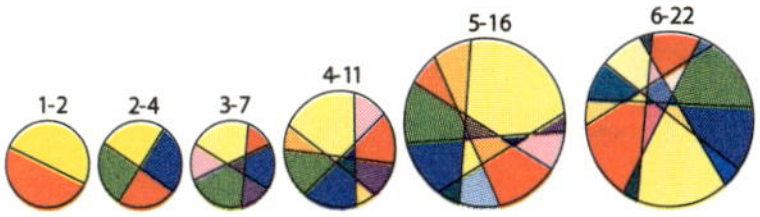

558 这个数列是基于持续性原理，即一个数的各位数字乘在一起构成另一个数，如此一直进行下去，直到只剩下一个一位数。

数列的最后一个数是8。

559 答案是20岁，因为210是第二十个三角形数，等于1到20之间全部数字之和。

560 水平方向：从左往右，数字翻倍；沿对角线从上往下时，就加2。

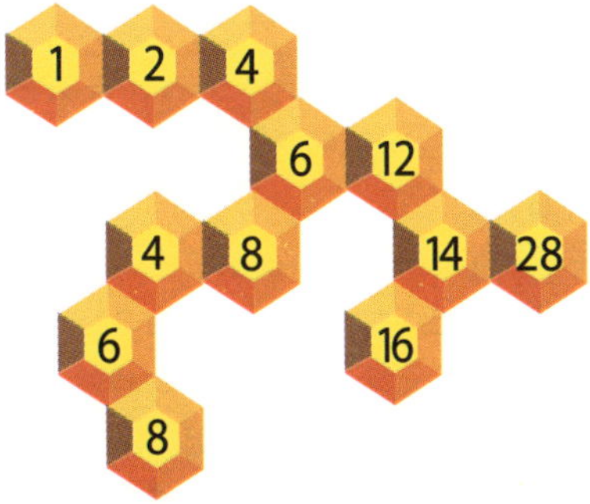

561 可能的答案是52和25、63和36、74和47、85和58、96和69。他45年前就是魔术师了，所以答案是74岁和47岁。

562 IOIOIO

563

$$17 \times 4 = 68 + 25 = 93$$

564 在两个数上都加上40。

$$170 + 40 = 210 \qquad 30 + 40 = 70 \qquad \frac{Y}{Z} = \frac{210}{70} \qquad X=40$$

565 $2^6 - 63 = 1$

566 问题以100块分开的片开始，以一幅完整的结束。如果每一次拼接都是成功的，那么最少需要99步。

567

4	1	4	2	5	2
1		1	5		5
4	1	4	2	5	2
1	7	1	0	9	0
7		7	9		9
1	7	1	0	9	0

568

569 淘汰制足球锦标赛中，每场比赛都有一支队伍被淘汰。58支队伍只有一个冠军，那么57支队伍必须被淘汰。所以，必须进行57场比赛。

570 只有1朵。如果有两朵红花，那么摘下两朵花就有可能都是红色而没有紫色的。因此，只能有一朵红花，其余都是紫色的。

571 只有三朵花。

不可能有两朵红花，否则就有可能摘下两朵红色和一朵黄色的花，而三朵中没有一朵是紫色的。同理，不可能有超过一朵紫色的花或超过一朵黄色的花。因此，整个花园里就只有三朵花。

572（图注：Top Floor：顶楼；Ground Floor：底楼；Before escape：越狱前；After escape：越狱后）

573 有23只鸸鹋和12只骆驼。

574 看见了22只鸟和14只四足兽。

575 每条腿都数过了——凳子的腿、椅子的腿和人的腿。

这样，对于每张有人坐的凳子，有5条腿（三条凳子的腿和两条人腿）。而每张有人坐的椅子有6条腿。所以，5×（凳子数）+6×（椅子数）=39。

由此就很容易解出，有3张凳子、4张椅子和7个人。

576 是的。

577 要解决这个问题，就必须给出9个朋友的可能组合的数目。

第1天：凯特、大卫、露茜。
第2天：艾米莉、简、西奥。
第3天：玛莉、詹姆士、约翰。
第4天：凯特、艾米莉、玛莉。
第5天：大卫、简、詹姆士。
第6天：露茜、西奥、约翰。
第7天：凯特、简、约翰。
第8天：露茜、简、玛莉。
第9天：大卫、西奥、玛莉。

578 猫妈妈还剩下2条命，小猫们分配剩下的23条。这就意味着有两个可能的答案：7只小猫（1只还剩5条命，6只还剩3条）或者5只小猫（1只还剩3条，4只还剩5条）。

579 有9个一位数，90个两位数和900个三位数，总共有2889个数字。还剩下40个数字，即10个四位数：1000到1009。这本书一定有1009页。

580

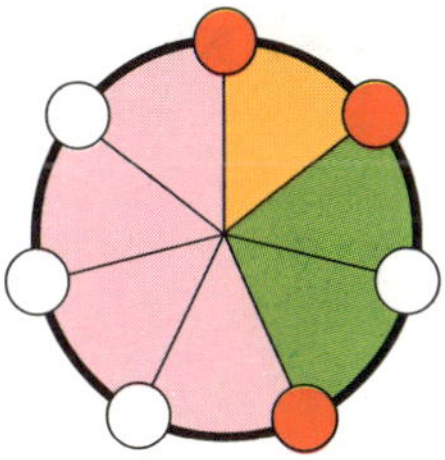

581 圆周上的4个点以以下两种方式中的一种排列：1-2-6-4或1-3-2-7。

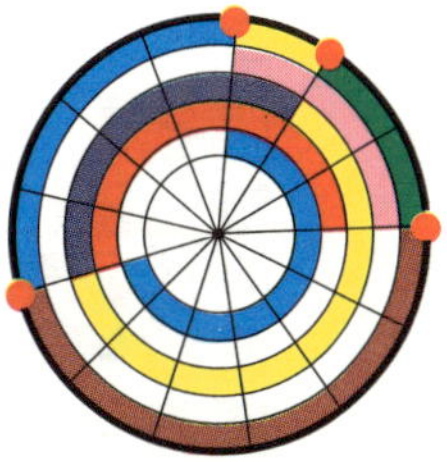

582 对于圆周上5个点代表21种不同的长度，这五个点必须间隔1-3-10-2-5。

584 第一天：4-5-2、7-1-9、6-8-3。

第二天：7-8-5、4-3-1、6-9-2。

第三天：8-1-2、4-7-6、9-3-5。

第四天：1-5-7、3-2-8、9-4-6。

第五天：8-4-1、5-6-2、3-7-9。

第六天：7-2-4、8-9-5、1-6-3。

585 如果杰克尔的数目是偶数，那么这个图形就可以解决；如果杰克尔的数目是奇数，那么就无法解决。

586 最小长度的尺最多只能在长度为6时是“完美”的。所有更大长度的尺都是“不完美”的，因为某些距离要么出现不止一次，要么没有出现。使用一把11个单位长度的尺，是不可能做上标记来测量6个单位的长度。

587 有15只瓢虫：

3+5+6+1=15。

588

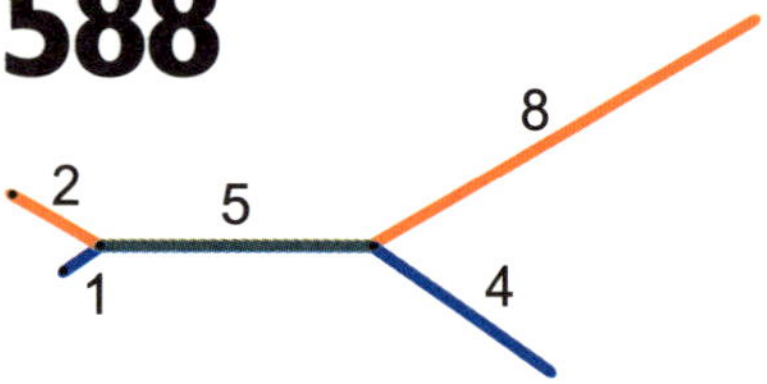

589

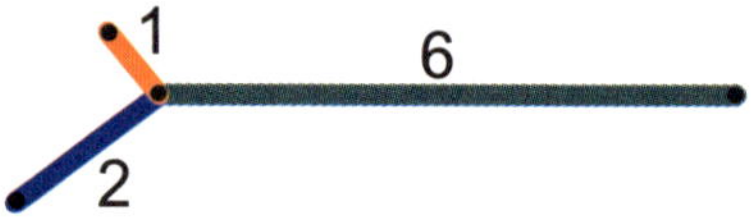

590

当你将一个二维物体线性放大2倍时，它的面积以4倍（2^2）增加。相似地，将三维物体线性放大2倍时，它的体积以8倍（2^3）增加。假设该物体的密度保持不变，其重量也以8倍增长。要得出新的重量，只要将现在的重量乘以8就可以了。

591

红色三角形的面积大约是正方形面积的1/3。

592

红色部分的面积恰好是正方形面积的1/4。你可以将整个正方形分割成4个这样的螺旋形。

593

有84种不同的解法。下面给出的一个解法是长度序列为3、2、1、6、5、4、9、8、7。

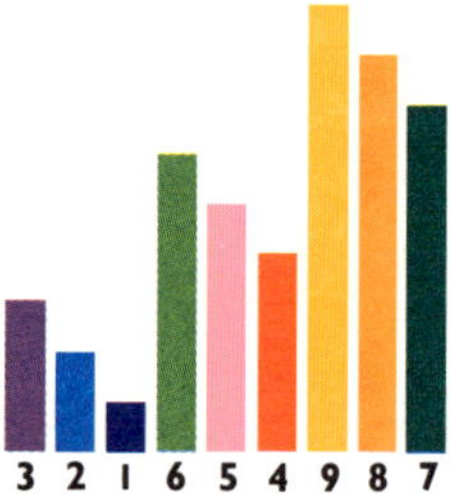

594

任意10个数或长度的序列都会有至少4个成递增或递减序列。尽管9种长度可以那样排列，但是第10个长度无论放在哪里，都将导致一个递增或递减序列。

595

烧杯39分钟后半满。

596

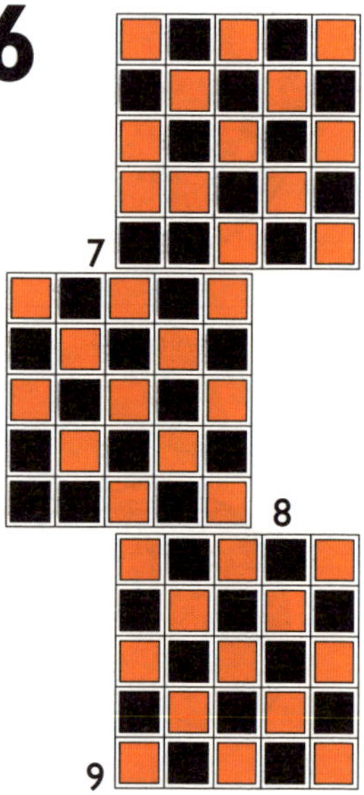

597

在方格5。

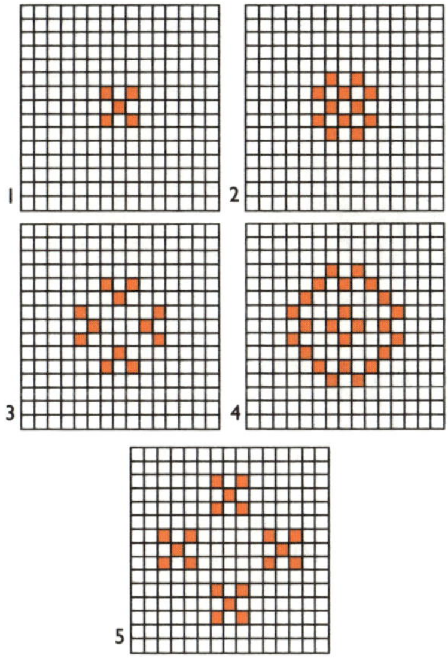

598

599

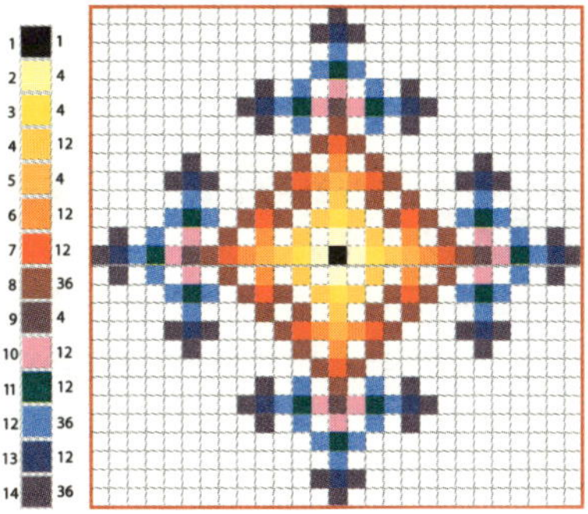

600

1、2、3、5号，瓢虫会回到出发点。

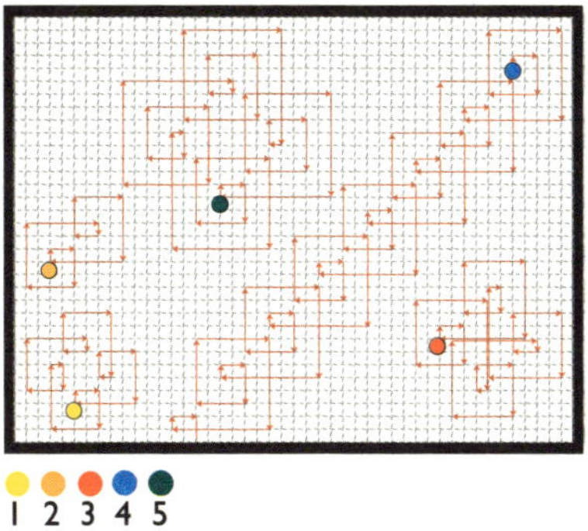

601

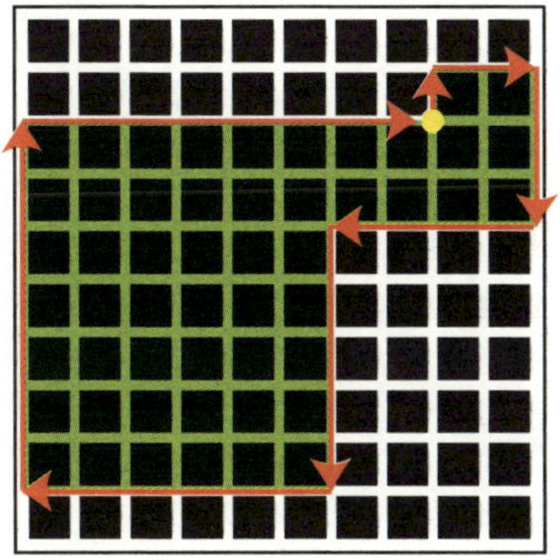

602 尽管质数的许多性质还有待证明，但是一个著名的证明显示了，在每个比1大的整数和该数的2倍之间总是存在一个质数。

603 这362880个数字中没有一个是质数。

每种情况下，这些数字的各个位数之和等于45，即可以被9整除。而个位数之和是9的倍数的数，其本身也是9的倍数。

604 这块面积的极限大约是原来那个三角形的1.6倍。令人惊讶的是，这条曲线不会超出该三角形的外接圆。

至于周长，不妨设最初三角形的每条边长为一个单位，周长总共是3个单位。第一次替代三角形的多边形由12条边组成，每条是原来边长的1/3，总长是4个单位。之后每一步将使周长以4/3倍增加。这样，周长就是无限长。

605 图片堆的高度将接近于原来图片的两倍，但是它实际上永远无法达到这个高度。1+1/2+1/4+1/8/+1/16…，和比2小。

606 220所有约数的和为1+2+4+5+10+11+20+22+44+55+110=284。

284所有约数的和为1+2+4+71+142=220。

如果一个数的全部约数之和等于另一个数，而第二个数的全部约数之和又等于第一个数，那么这对数就称为亲合数。已知最小的亲合数对是220和284。

到目前为止，我们已经知道了5000对亲合数。

607 420完全分解质因数是42×10=6×7×2×5=2×3×7×2×5。

608 有12个女孩。安妮是女孩，所以与她相邻的是两个男孩，他俩每个都与安妮和另一个女孩相邻。这个交替的模式在圆圈中继续，使得圆圈中有12个男孩和12个女孩。

609 对于游戏1到4，最少的步数分别是3步、7步、15步和31步。

对于游戏5，有了圆盘1不能放在圆盘4上面的限制，最少需要19步。

对于游戏6，有了圆盘1不能放在圆盘3上面、圆盘2不能放在圆盘4上面的限制，最少需要15步。

610 答案是24，约数为1、2、3、4、6、8、12和24。

611

$1+2+3=1\times2\times3=6$

612

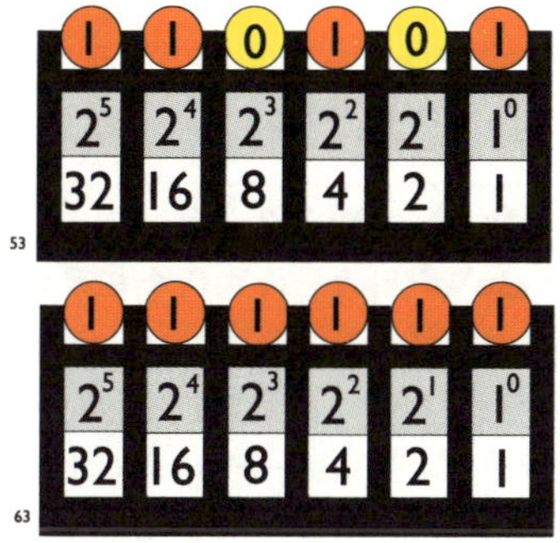

613

转过身去之前，你要注意一下有多少枚硬币是面朝上的。面朝上的硬币数目每次要么增加2，要么减少2，要么不变。所以，如果一开始面朝上的硬币数目是奇数，那么无论有多少对硬币被翻了个面，最后仍将是奇数。

当最后转回身去，你要数一下现在面朝上的硬币数目。如果和开始时一样是奇数（或者和开始时一样是偶数），那么被遮住的硬币一定是面朝下的。反之，被遮住的硬币是面朝上的。

614

“思维游戏既有趣味性又有知识性。”

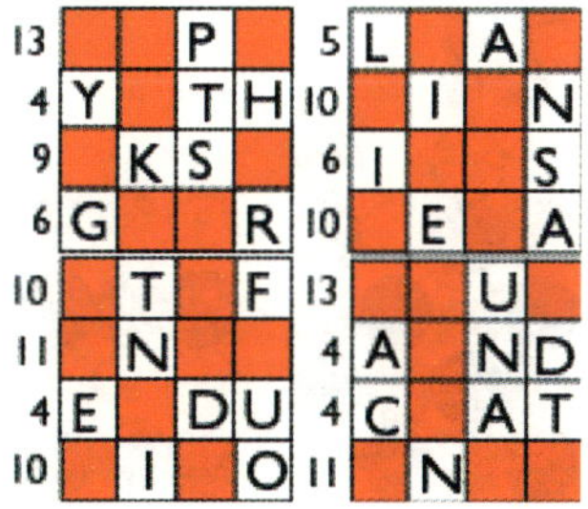

615

填色的2×2正方形用图形代表了二进制系统中的0到15：0000，0001，0010，0011，0100，0101，0110，0111，1000，1001，1010，1011，1100，1101，1110和1111。

但16张卡片真的不同吗?仔细观察后你会注意到，只有6张不同的卡片，其中3张有4种不同的方位。

（图注：square：正方形。）

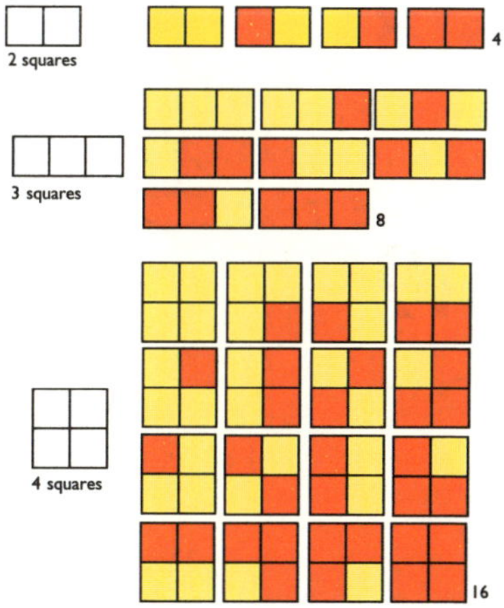

616

颜色匹配游戏有50种解法。旋转、镜像对称和颜色反转视为同一个图形。

两人游戏最短可以在8步内结束，这里给出了其中一种解法。

617

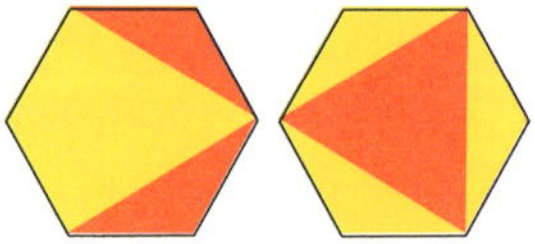

618

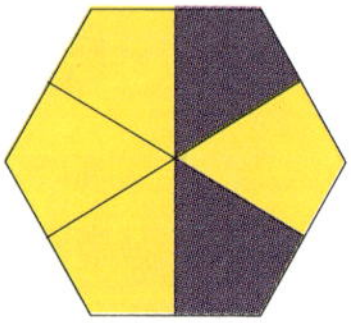

619

1	100	26	89
2	72	27	95
3	90	28	69
4	59	29	93
5	94	30	63
6	77	31	96
7	86	32	91
8	85	33	73
9	80	34	81
10	51	35	78
11	58	36	76
12	68	37	99
13	92	38	74
14	53	39	79
15	84	40	83
16	62	41	82
17	98	42	87
18	67	43	64
19	97	44	55
20	52	45	57
21	71	46	54
22	61	47	88
23	75	48	70
24	56	49	60
25	66	50	65

620

无论怎么试都会失败的。因为一次翻两个杯子将使口朝上的杯子数目增减2或0。第一步时口朝上的杯子数目是1，所以加上2就变成3。第二次一开始口朝上的杯子数目是0。永远无法让三个杯子口都朝上。换句话说，第一次口朝上的杯子数是奇数，而第二次口朝上的杯子数是偶数。无论哪种情况，一次翻两只杯子都不会改变奇偶性。

621

一开始奇偶性为奇，偶数步不会改变奇偶性。所以，口都朝上和口都朝下是不可能的。

622

小偷将一直领先一步，除非警察改变游戏的奇偶性。这点警察可以做到，只要他走过三角形街区一次。

623

六边形19是配不成对的。

624

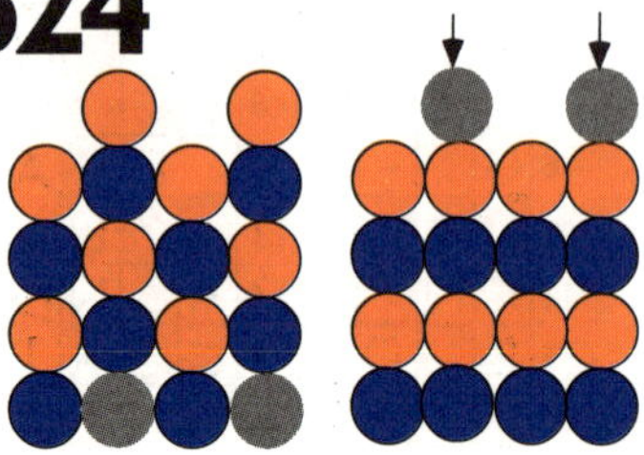

625

因为齿轮环旋转时交替沿顺时针和逆时针方向，所以一开始需要偶数个齿轮才能转动。这个问题中齿轮为奇数个，因此根本就无法转动。

626

灯泡不仅产生光，还产生热，而且在关上灯后数分钟内还能留有余热。

知道了这点，你很容易就会发现答案。首先，打开开关1并让它开几分钟，这样相应的灯泡就会热了。然后，关上开关1再打开开关2，再赶紧到阁楼去。亮着的灯是开关2控制的，暗着但是发热的灯是开关1控制的，剩下一个就是开关3控制的了。

627

做不到。7种可能的随机设置中只有3种可以在只动一个开关的情况下让灯亮起来。

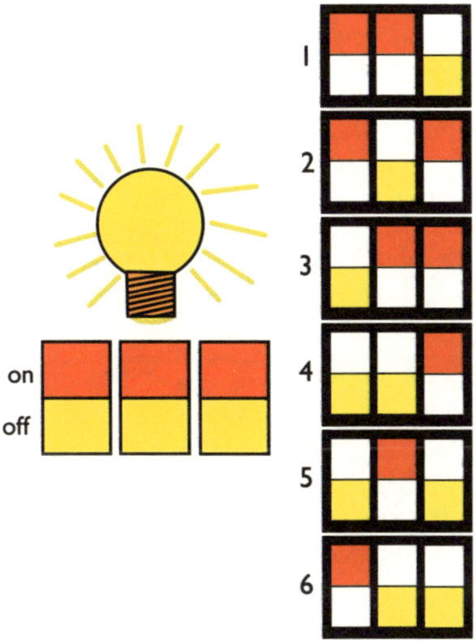

628

629

只要5步：

1-2-3，4-5-6，7-8-9，8-9-10，8-9-11。

630

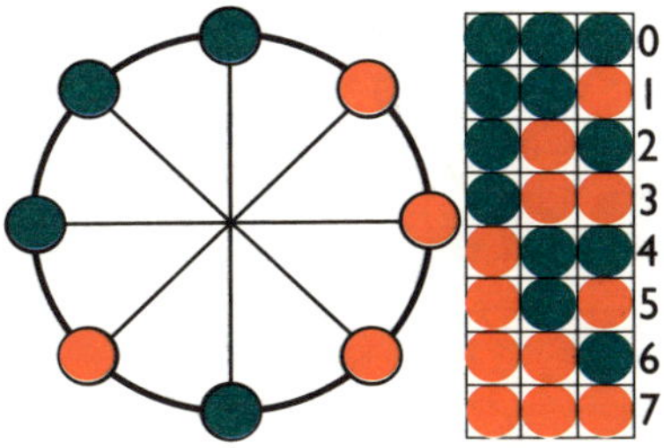

631

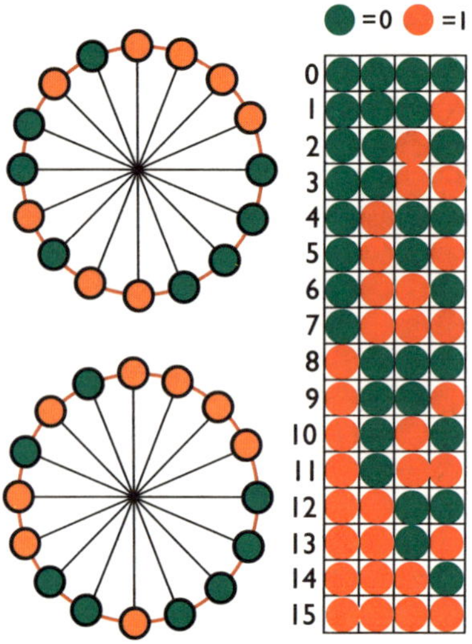

至少有两种解法：

1-1-1-1-0-0-0-0-1-1-0-1-0-0-1-0和

1-1-1-1-0-0-0-0-1-0-0-1-1-0-1-0。

632

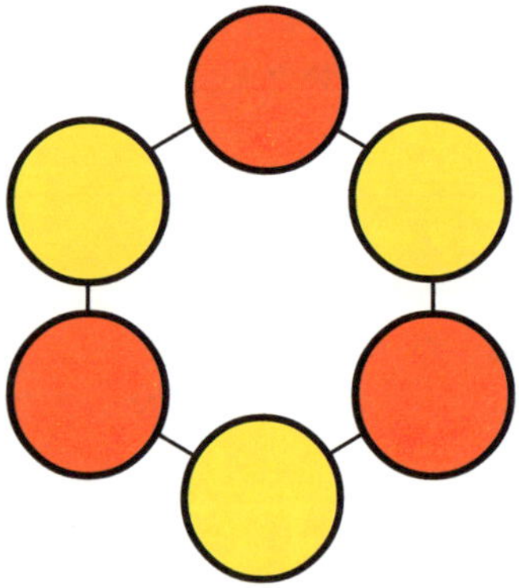

633

有三种可能的项链。不同的项链可以由绿色珠子之间的红色珠子的数目来表示：0个、1个或2个。